midena

Frank Schallenberg

»... und raus bist du!«

Mobbing unter Schülern –
Was Eltern tun können

Inhalt

Das geht Sie an! 7

Helfen Sie Ihrem Kind, wenn es gemobbt wird! 9

Warum Sie dieses Thema interessieren dürfte 13

Keine Angst vor der Auseinandersetzung mit Mobbing! 15

Erste Anzeichen – und was sie bedeuten 19

Was genau ist Mobbing? 21

Mobbing in der Schule ist eine Realität 22

Die typischen Merkmale von Mobbing 25

Wie geschieht Mobbing in der Schule? 26

Wie beeinträchtigt Mobbing Ihr Kind? 27

Psychischer Stress und gesundheitliche Folgen 30

Welche Rolle spielt Ihr Kind? 33

Ihr Kind als Opfer von Mobbing 34

Ihr Kind als Täter beim Mobbing 36

Und das beeinflusst die Situation auch noch 38

Welche Rolle Sie als Eltern spielen 40

Warum denn jetzt die Fallbeispiele? 41

Maria – »Klops« mit Brille 43

So lebt Maria heute 44

Erst wurde Maria gehänselt 46

Extreme Erfahrungen in der Grundschule 51

Marias Situation verschlimmerte sich 59

Die Lebensumstände von Maria wurden schwieriger 63

In der Schule musste Maria noch viel aushalten 65

Eskalation der Peinigung und Brüche im Leben 70

Toms beschwerlicher Weg vom Opfer zum Täter 77

Wie Tom zur Zeit sein Leben gestaltet 78

Am Anfang war alles fast harmlos 81

Bald musste Tom üblere Erfahrungen machen 86

Tom sah sich schon auf der sicheren Seite 89

So wurde Tom vom Opfer zum vermeintlichen Täter 93

Tom lebte eine neue Rolle 97

Der Alltag holte Tom ein 101

Was können wir tun? 105

Offenheit ist oberstes Gebot 106

Signalisieren Sie Interesse! 107

Sprechen Sie mit Ihren Kindern – aber nicht über sie! 107

Geben Sie klare Regeln vor! 108

Seien Sie glaubwürdig in Ihren Entscheidungen! 109

Vermitteln Sie Werte und Normen! 109

Begleiten Sie Ihr Kind bei seinen wichtigen
Entwicklungsschritten! 110

Hilfen von anderer Seite in Anspruch nehmen 113

Signale und Reaktionen 115

Ihr Kind spricht über Vorkommnisse in der Schule 116

Sie beobachten Veränderungen wichtiger Wesensmerkmale .. 117

Ihr Kind hat keine Freunde 117

Was ist nur aus den guten Noten geworden? 118

Ihr Kind weist körperliche Verletzungen auf 119

Ihr Kind erzählt nie aus der Schule..................... 119

Checkliste... 120

Hier hilft man Ihnen............................... 122

Wo Sie noch mehr erfahren können.................. 126

Sachregister 127

Impressum 128

Das geht Sie an!

Das geht Sie an!

»Mobbing« – das ist nicht nur ein aktuelles Schlagwort, sondern ein Problem, mit dem sich sehr viele von uns im Alltag konfrontiert sehen. Im Allgemeinen geht es dabei um eine Vielfalt perfider Schikanen im Arbeitsleben, hinter denen die Absicht steht, die Mobbing-Opfer – Kollegen oder Mitarbeiter – von ihrem Platz zu verdrängen. Diese Art von Mobbing ist als Phänomen vielfach beschrieben und diskutiert worden. Es gibt zahlreiche Publikationen, die das Thema aus unterschiedlichen Blickwinkeln betrachten. Auch Mobbing innerhalb der Schule ist schon wiederholt dargestellt worden. Hierbei geht es allerdings fast immer nur um den Aspekt der »Arbeitswelt« der Erwachsenen, also um Lehrerinnen und Lehrer.

Dieser Ratgeber beschäftigt sich dagegen ausschließlich mit dem Mobbing unter Schülerinnen und Schülern, da Mädchen und Jungen den Gefahren, die ihnen daraus erwachsen können, häufiger ausgesetzt sind, als es normalerweise zugegeben wird. Aus unterschiedlichen Gründen neigen Lehrer, Eltern und beteiligte Schüler – Täter wie Opfer – dazu, selbst handgreifliche Fälle von Mobbing in der Schule zu bagatellisieren und als harmlose Hänseleien oder normale Raufereien unter Jungen abzutun. Erst wenn ein solcher Vorgang dramatisch eskaliert und die Folgen von Gewalt (auch der Opfer gegen sich selbst) nicht mehr zu vertuschen sind, wird spät, oft zu spät, die Frage nach möglicher Abhilfe gestellt. Das Buch soll Ihnen als Eltern helfen, gegebenenfalls rechtzeitig Ihren

Kindern in der Not beizustehen, und das bedeutet: für das Problem des Gemobbtwerdens und des Mobbens sensibel zu werden, eine geschärfte Aufmerksamkeit zu entwickeln, verräterische Anzeichen zu erkennen, ganz konkrete Zusammenhänge zu erfahren und neue Perspektiven für Ihren eigenen Umgang mit Ihren Kindern zu gewinnen.

Es ist mir als Autor ein Anliegen, Eltern, Lehrer und Erzieher auf dieses Problem aufmerksam zu machen und die Hilfe der Erwachsenen einzufordern. Die Erfahrungen aus meiner sozialpädagogischen Arbeit haben mir gezeigt, dass Jugendliche, die gemobbt werden, ohne die verständnisvolle Unterstützung Älterer nicht aus ihrer Sackgasse herausfinden.

Helfen Sie Ihrem Kind, wenn es gemobbt wird!

Als Erstes möchte ich Ihnen die gesellschaftliche und schulische Bedeutung von Mobbing sowie die psychischen und sozialen Folgen erläutern. Sie werden vor allem erfahren, welche Möglichkeiten Ihnen gegeben sind, Ihre Kinder im Zusammenhang mit Mobbing in der Schule zu unterstützen oder sie davor zu schützen. Sie werden auch erkennen, dass es auf allen Seiten Berührungsängste im Umgang mit dem Thema gibt, doch diese Ängste lassen sich erklären und ausräumen. Wegsehen, Vertuschen und Verschweigen sind die verbreitetsten und schädlichsten Fehler, die gemacht werden. Umso mehr sollten Sie sich einfühlen können in die unterschiedlichsten Lebens- und Entwicklungssituationen Ihrer Kinder und Ihre eigene, sehr wichtige Rolle kennen lernen.

Wegsehen gilt nicht – weder bei Gewalt noch beim Mobbing!

Mobbing darf nicht mit der Persönlichkeit der Opfer entschuldigt werden.

Machen Sie sich Ihr eigenes Bild!

Im Verlauf von Diskussionen über Mobbing werden auch Sie schon die Erfahrung gemacht haben, dass die Verantwortung dafür sehr leicht auf die Opfer geschoben wird. Als Gründe müssen hier häufig Geschlecht, Aussehen oder auch das jeweilige Auftreten der gemobbten Personen herhalten. Aber können denn irgendwelche Eigenschaften oder die Persönlichkeit des Einzelnen wirklich als Entschuldigung für Mobbing gelten? In unserer Gesellschaft scheint der Blick auf das, was sich hinter dem Phänomen Mobbing verbirgt, auf vielfache Weise verstellt zu sein. Oftmals gewinnt man den Eindruck, als ob Mobbing im täglichen Leben schon fast »gesellschaftsfähig« geworden sei. Solch ein geistiges Klima kann für Sie – und natürlich für Ihre Kinder – nicht ohne Auswirkung bleiben, da auch Sie Teil unserer Gesellschaft sind. Gerade als Eltern müssen Sie verinnerlichen, dass es niemals eine Entschuldigung für Mobbing geben kann. In Gesprächen mit Kindern und Eltern erfahre ich häufig, dass das Erlebnis von Mobbing und vor allem von Gemobbtwerden eher schamhaft verschwiegen wird, auch wenn es zur alltäglichen Problemsituation gehört. Versuchen Sie, diesen Umstand vorsorglich in Ihre Überlegungen einzubeziehen, wenn Sie beispielsweise mit Ihrem Kind über irgendeinen Kummer sprechen wollen oder herausbekommen möchten, warum es sich auf einmal so »komisch« oder merkwürdig verhält. Ziehen Sie alle Möglichkeiten in Betracht, und gelangen Sie zu einer eigenen Einschätzung!

Aus der Sicht der Lehrer wird den Schülern Schuld oder Unschuld an den jeweiligen Vorfällen meist nicht nur nach der aktuellen Situation zugewiesen, sondern aus dem subjektiven

Meinungsbild der Lehrer. Natürlich sollte man verstehen, dass das Verhalten der Lehrer zum Teil durch schwierige Arbeitsbedingungen an den Schulen begründet ist. Aber gerade deshalb wird ihr Urteil überwiegend durch das Verständnis oder Unverständnis bestimmt, mit dem sie den Schülern gegenüberstehen.

Wenn Sie also bei Ihrem Kind Veränderungen beobachten, dann versuchen Sie beharrlich, die Hintergründe zu ermitteln – bei Ihrem Kind und durch Nachforschungen an der Schule – und Ihrem Kind entsprechende Unterstützung zukommen zu lassen.

Lassen Sie Ihre Kinder nicht unvorbereitet!

Denken Sie immer daran, dass Ihre Kinder ebenfalls einmal Teil der Arbeitswelt sein werden, in der heute Mobbing vielfach praktiziert und ebenso oft geleugnet und tabuisiert, andererseits immer wieder diskutiert, aber nicht wirklich bekämpft wird. Dabei treten konkrete Hilfen und Unterstützungen fast völlig in den Hintergrund, und es werden frühzeitige, positive Veränderungen der jeweiligen Situation unterlassen. Wer andere mobbt, ist ein Aggressor, und für sein bösartiges Handeln mag es vielleicht ursächliche Erklärungen der Beweggründe geben, niemals aber eine Entschuldigung. Solche Aggressoren finden sich unter Kindern genauso wie unter Erwachsenen.

Mobbing ist in Schule und Arbeitswelt alltäglich.

Die besondere Situation der Konfliktlösung in der Schule

Lehrer müssen aus ihrer Situation heraus erst einmal die aktuellen Konflikte bereinigen. Das sind die Vorfälle des Tagesgeschehens. Dies erfolgt gerade im Zusammenhang mit Mob-

bing meist nur sehr oberflächlich, denn im Anschluss daran ist oft schon eine neue Situation eingetreten. Die akute Situation wird durch den Eingriff der Lehrer unterbrochen oder aufgelöst. Das, was beispielsweise als punktueller Streit zwischen zwei Schülern erscheint, wird vordergründig bereinigt. Doch hat sich die Situation für die beteiligten Schüler damit wirklich grundlegend geändert?

Oft bleiben die Ursachen für Mobbing unbehandelt.

Im ersten Moment scheint es den Lehrern und den Schülern so zu sein, doch werden die Ursachen in der Regel nach der Beilegung des Konflikts nicht mehr weiter erforscht. Ich erlebe in meiner Arbeit, dass Lehrer oft zu wenig Hintergrundkenntnisse über die einzelnen Schüler haben. Aber nach einer »Schlichtung« oder Ermahnung gehen die Schüler auseinander, und sowohl bei Opfern wie bei Tätern hat sich an der persönlichen Situation keine Veränderung eingestellt. Der Konflikt schwelt weiter. Der möglicherweise vom Lehrer zurechtgewiesene Mobbing-Täter sinnt auf Rache und denkt sich für die Zukunft noch hinterhältigere Tricks aus, um sein Opfer zu quälen. Man kann es auch so sagen: Wenn Lehrer das Problem Mobbing verkennen und nur einen vermeintlichen Schülerstreit schlichten, kurieren sie oberflächlich an den Symptomen herum, lassen die Ursachen aber unbehandelt und verschlimmern dadurch das Leiden.

Und wie erleben Sie als Eltern den Umgang mit der Schule? Ist es nicht auch für Sie schwer, einen klaren Einblick in die Vorgänge in der Schule zu gewinnen, um die Lage der Schüler wirklich nachvollziehen zu können?

Zunächst ging es hier nur um Mobbing als offensichtliche Handlung in der Schule. Aber ist Mobbing unter den Schülern wirklich immer so augenfällig erkennbar? Diese Frage muss ich klar verneinen. Vielmehr kann man als neutraler Beobachter feststellen, dass die offen ausgetragenen Konflikte im Zusammenhang mit Mobbing unter Schülern leider in vielen Fällen nur die Eskalation einer schon lange andauernden Mobbing-Situation darstellen. Der überwiegende Teil von Mobbing zwischen Schülern geschieht leider oft von Lehrern und Eltern unerkannt im Unterricht, in den Pausen oder auch auf dem Schulweg.

Für Eltern ist es oft schwierig, Einblick in die Vorkommnisse an der Schule zu erhalten.

Warum Sie dieses Thema interessieren dürfte

Ihre Beweggründe, warum Sie sich für das Thema »Mobbing unter Schülern« interessieren, können ganz unterschiedlich sein – ebenso unterschiedlich wie Ihre Erwartungen an dieses Buch. Mag sein, dass Sie bei Ihrem Kind aktuelle Veränderungen erleben, die sich für Sie aus dem Schulalltag ergeben. Vielleicht haben Sie selbst einst als Schülerin oder Schüler Erfahrungen gemacht, die man früher als »Drangsalieren«, »Tyrannisieren«, »Schikanieren«, »Hänseln«, »Belästigen«, »Einschüchtern«, »Intrigieren« und dergleichen etikettierte und welche Sie heute unter dem Aspekt von Mobbing betrachten. So etwas wollen Sie natürlich Ihrem eigenen Kind ersparen. Es kann aber natürlich auch sein, dass Sie sich im eigenen Arbeitsalltag Mobbing ausgesetzt sehen und die Beschäftigung mit dem Thema als Vorbeugung und Schutz für Ihre Kinder erachten. Und so unterschiedlich, wie Ihre Beweggründe sein mögen, so unterschiedlich wird auch Ihr Interesse als Eltern im Umgang mit dem Thema sein.

Hinterfragen Sie Ihre eigene Interessenlage!

Nehmen wir an, Sie beobachten die Entwicklung Ihres Kindes aufmerksam und wollen auf einige für Sie sehr überraschende Veränderungen in seinem Verhalten, die Sie festgestellt haben, richtig reagieren. Oder: Ihnen wird zugetragen, dass ein Kind aus einer befreundeten Familie massiv dem Mobbing durch seine Mitschüler ausgesetzt ist; und nun machen Sie sich verständlicherweise auch Sorgen um die Situation Ihres eigenen Kindes.

Vielleicht ist es aber auch so, dass Ihr Kind bestimmte Mitschüler mobbt, ständig piesackt, quält, verhaut – sodass Sie als Eltern sich gegen solche Anschuldigungen von außen wehren müssen und nach Erklärungen suchen, warum gerade Ihr Sohn sich kleineren, schwächeren Kindern gegenüber in einer Weise verhält, die im Englischen kurz und treffend als »bullying« bezeichnet wird.

Im Englischen wird dieses Quälen, Tyrannisieren, Schikanieren oder Einschüchtern kurz und treffend als »bullying« bezeichnet.

Sie wollen Ihrem Kind die größtmögliche Unterstützung und Förderung in seiner Entwicklung zukommen lassen und stellen sich deshalb dem Thema. Sicher gäbe es noch viele, auch individuell besondere Gründe, warum man sich für das Thema interessieren könnte und sollte. Wichtig für Ihre Kinder aber ist, dass Sie sich als verantwortungsbewusste Eltern überhaupt damit beschäftigen. Ihre Beweggründe sind wichtig für Ihre Bereitschaft, sich offen und beherzt der Thematik zu stellen, und lassen sich keinesfalls in ein Schema pressen. Jeder Grund, den Sie anführen, hat vor diesem Hintergrund seine Berechtigung und ergibt sich aus Ihrer ganz persönlichen Lebenssituation. Damit Sie sich die Offenheit und das Engagement für das Thema bewahren können, müssen Sie vor allem jegliche Ängste abbauen.

Keine Angst vor der Auseinandersetzung mit Mobbing!

Lassen Sie sich nicht beirren, wenn Sie sich mit dem Thema Mobbing auseinandersetzen. Gerade wenn Sie herausfinden wollen, wie es denn wohl um dieses Problem an der Schule Ihres Kindes bestellt ist, werden Ihnen sehr viel Widerspruch und Ablehnung begegnen. Zum einen kann Ihr Interesse als Einmischung in schulische Angelegenheiten empfunden werden. Dabei steht es jedoch Ihnen als Mutter oder Vater in besonderem Maße zu, sich einzumischen. Denn schließlich geht es um die Entwicklung und das Wohl Ihres Kindes, und da gilt es, ein Augenmerk auf alle Lebensbereiche zu lenken.

Oft begründen sich Widerspruch und Ablehnung von Seiten der Lehrer durch den Wunsch, die Schule in einem guten Licht dastehen zu lassen. Dies sollte für Sie kein Grund sein, eine ängstliche, vorsichtige Haltung einzunehmen und nicht nachzuhaken. Im Gegenteil! Vielmehr sollte dieser Umstand Ihr gesundes Misstrauen wecken und Sie für die Richtigkeit Ihrer Vermutungen sensibilisieren. Auch ich beobachte es bei meiner Arbeit, dass mein Interesse für Geschehnisse unter Schülern zunächst oft als Einmischung empfunden wird.

Seien Sie offen für die Situation Ihres Kindes!

Oft neigt man als Vater oder Mutter dazu, sich nicht genau genug in die Gefühlslage seiner Kinder zu versetzen. Das begründet sich zum einen dadurch, dass man seinem Kind natürliche Freiräume zugestehen möchte. Zum anderen schwingt die ganz natürliche Angst mit, man könnte auf Dinge stoßen, die einen überfordern oder die einem unangenehm sind. Also

Zeigen Sie sich selbstbewusst beim Thema Mobbing! Sehen Sie auch eigenen Ängsten und Erfahrungen ins Auge!

lieber die Augen verschließen vor unbequemen Problemen? Aber gerade im Zusammenhang mit Mobbing bei Schülern gilt es, diese Angst zu überwinden und sich bewusst zu sein, dass die Freiräume Ihres Kindes nicht beeinträchtigt werden, wenn Sie möglichen Feindseligkeiten nachgehen, denen Ihr Kind in der Schule ausgesetzt ist.

Sie haben ganz gewiss – vertrauen Sie nur darauf! – ein natürliches Empfinden dafür, wo Sie notwendigerweise in Freiräume eindringen und bis zu welchem Grad Sie die gewonnenen Erkenntnisse verkraften können. Durch den Mut, sich aktiv auf die Situation Ihres Kindes einzulassen, reduzieren Sie zunehmend die Ängste im Umgang mit dem Thema Mobbing.

Stehen Sie zu Ihrem Kind!

Leider sehen Sie sich durch die gewonnenen Erkenntnisse über die Situation Ihres Kindes oft mit Vorurteilen und Schuldzuweisungen konfrontiert. Deshalb ist es entscheidend für Sie, zu Ihrem Kind zu stehen. Lassen Sie sich nicht durch Bewertungen von außen negativ beeinflussen, sondern geben Sie Ihrem Kind die Unterstützung, die es benötigt. Mag auch ein Lehrer versuchen, ausdrücklich oder »durch die Blume« dem Verhalten Ihres Kindes die Schuld zuzuweisen, wenn es gemobbt wird – lassen Sie sich dadurch nicht verunsichern oder beeindrucken! Die Angst, ein Kind zu haben, das zum Außenseiter gestempelt wird, lässt sich nur durch eine starke Vertrauensbasis zwischen Eltern und Kind besiegen.

Ich spreche häufig mit Mädchen und Jungen über die Tatsache, dass sie sich zu Hause nicht wirklich respektiert fühlen. Sie äußern das Gefühl, dass ihre Eltern sie nicht verstehen und sich auch nicht mit ihren Anliegen und Nöten auseinandersetzen.

Mädchen und Jungen brauchen den Rückhalt und die Akzeptanz durch die Eltern.

Fehler müssen Sie aushalten lernen

Achten Sie immer darauf, dass Ihr Handeln stets durch Ihr aktuelles Wissen und die aktuellen Erkenntnisse bestimmt wird! Es kann sein, dass Sie als Eltern in Selbstzweifel geraten über Entscheidungen oder Reaktionen, sobald Sie umfangreichere Informationen erhalten. So etwas darf Ihnen ruhig passieren, zeigt es doch Ihre hohe Sensibilität im Umgang mit dem Thema.

Die Reichweite von Mobbing unter Schülern erkennen

Sie werden erfahren, wie stark die Entwicklung der beiden in diesem Buch beschriebenen Jugendlichen durch die Mobbing-Erfahrungen in der Schule bestimmt wurden. Es wird Ihnen möglich sein, anhand der sehr detaillierten Darstellung etwaige Ähnlichkeiten bei Ihren Kindern festzustellen und gewonnene Erkenntnisse umzusetzen. Dabei werden Sie auch klar erkennen, was Sie als Eltern bewirken, wenn Sie sich *nicht* des Problems annehmen. Zu erfahren, wie sich das Leben der beschriebenen Schüler unter dem Aspekt des Mobbings in der Schule entwickelt hat, wird Ihnen zu einer erhöhten Sensibilität im Umgang mit Ihren eigenen Kindern verhelfen. Durch diesen Ratgeber werden Sie in die Lage versetzt, sich offener mit Ihren Kindern unter dem möglichen Aspekt »Mobbing« auseinander zu setzen. Die für Sie vielleicht neuen Erfahrungen und Erkenntnisse werden im weiteren Verlauf des Ratgebers nochmals reflektiert und verstärkt. Sie wissen am Schluss des Buches, was Sie leisten können, wenn es um das Thema Mobbing unter Schülern geht.

Zudem erhalten Sie am Ende noch Informationen zu weiteren Hilfsangeboten sowie Literaturhinweise zur weiterführenden Beschäftigung mit den angesprochenen Inhalten.

Erste Anzeichen –
und was sie bedeuten

Erste Anzeichen – und was sie bedeuten

In diesem Kapitel wollen wir uns erst einmal mit grundlegenden Erkenntnissen und Zusammenhängen bezüglich des Phänomens »Mobbing unter Schülern« befassen. Dabei gewinnen Sie zu Beginn eine konkrete Vorstellung, was Mobbing im Allgemeinen und im Besonderen für Ihr Kind tatsächlich bedeutet. Sie sollen dabei die Tragweite erfassen, mit der Mobbing die Entwicklung Ihres Kindes beeinflusst, beeinträchtigt oder gar gravierend und dauerhaft stört. Um dies zu verinnerlichen, bedarf es einer detaillierten Benennung der Tatbestände des Mobbings sowie der Einschränkungen und Beeinträchtigungen, die Ihr Kind dadurch erfährt. Ihr Kind nimmt hierbei eine sehr individuelle Rolle ein – sowohl als Opfer wie als Täter –, die Sie als Eltern verstehen müssen. Denn dann werden Sie die nachfolgend aufgezeigten Erkennungsmerkmale und Warnsignale richtig deuten.

Wichtig ist, dass Sie die oft langsam oder in Schüben sich einstellenden Auswirkungen des Mobbings wahrnehmen lernen. So können Sie rechtzeitig handeln.

Sie werden sich in die Lage versetzt sehen, auf die meist sehr langsam vorangehenden Veränderungen richtig zu reagieren. Die Rolle, die Sie als Eltern spielen, wird Ihnen im Zusammenhang mit Mobbing unter Schülern bewusst werden, und damit einhergehend werden Sie natürlich auch die unterschiedlichen Entwicklungsphasen Ihres Kindes sehr viel deutlicher wahrnehmen.

Im weiteren Verlauf des Kapitels erhalten Sie einen Einblick in mögliche Symptome und Krankheiten, welche Ihr Kind durch das Mobbing in der Schule dauerhaft beeinträchtigen und schädigen können. Dieses Kapitel bietet Ihnen die Grundlage, zukünftig mit sehr viel mehr Verständnis auf die Veränderungen bei Ihrem Kind zu reagieren.

Was genau ist Mobbing?

Der Begriff »mobbing« kommt ursprünglich aus dem Englischen und beschreibt eine Umgangsweise zwischen Personen. Grundsätzlich bedeutet er: jemanden bedrängen, belästigen, anpöbeln, schikanieren oder gar über ihn herfallen. Es handelt sich also um einen massiven, aggressiven Eingriff in das Leben und Handeln eines anderen Menschen. Das typische Drangsalieren, mit dem einzelne Schulkinder oder andere Jugendliche bestimmte Opfer unter ihren Kameraden tyrannisieren, wird im Englischen – wie gesagt – als »bullying« bezeichnet.

Mobbing kann zu Entwicklungsstörungen und Gesundheitsschäden führen.

Mobbing kann bei den Opfern zu dauerhaften persönlichen Problemen im Verhalten und Störungen der Entwicklung sowie zu gravierenden gesundheitlichen Folgen führen. Im Gegensatz zu einem vereinzelten Übergriff unter Ausübung physischer und/oder psychischer Gewalt ist für das Phänomen Mobbing, das wir in unserer Arbeitswelt und – wie in diesem Buch – in der Schule erleben, das systematische Vorgehen des Täters oder der Tätergruppe charakteristisch. Mobber handeln strategisch, zielgerichtet, in sich wiederholenden und sich steigernden Attacken. Der Täter sucht sich sein Opfer aus und nimmt eine oft nur minimale Andersartigkeit in dessen Eigenschaften zum Anlass, um es ins Visier zu nehmen und sich darauf »einzuschießen«. Andere Mitglieder einer Gruppe werden als Mittäter »angeworben« oder bilden den Chor johlender Anhänger oder zumindest das erwünschte »Publikum«. Irgendwann wird auf diese Weise das gehetzte Wild zur Strecke gebracht oder vertrieben.

Das mag sich zu dramatisch anhören, beschreibt aber sehr genau einen Vorgang, der für verbreitete Zustände an unseren Schulen charakteristisch ist, so sehr solche auch von allen Beteiligten bagatellisiert und vertuscht werden mögen.

Mobbing in der Schule ist eine Realität

Mobbing kommt an nahezu allen Schulen vor.

Extreme Gewalttätigkeiten an Schulen – meist mit Anwendung von Waffen –, Erpressungsfälle oder Drogendelikte lassen sich von Lehrern und Schulleitung kaum verschweigen und gelangen der Öffentlichkeit durch Presse und Medien zur Kenntnis. Der »alltägliche Wahnsinn« im Klassenzimmer, auf dem Schulhof und Heimweg aber bleibt eine einzige riesige Grauzone. Exakte statistische Zahlenwerte liegen zwar nicht vor, aber man kann davon ausgehen, dass an nahezu allen Schulen sämtlicher Schultypen, von der Grundschule bis zum Gymnasium, in der Mehrzahl aller Klassen immer wieder einzelne Schulkinder von anderen gemobbt werden.

Eine Studie der Universität München (siehe Ratschläge im Kapitel »Hier hilft man Ihnen«) erfasst unter »Mobbing« wiederholtes Schikanieren, gezieltes Ärgern und Einschüchtern und häufige Gewalttätigkeiten ein- bis zweimal pro Tag und über mehrere Wochen hinweg. Auch wenn Aggression und Gewalt unter Schülern kein neuartiges Phänomen ist, hat man hier insbesondere mit dem Blick auf zu erwartende Entwicklungsschäden beim Opfer, aber auch beim Aggressor die folgenden statistisch am häufigsten vorkommenden Mobbing-Übergriffe zwischen Mitschüler(inne)n zusammengetragen:

- Auflauern und Abpassen auf dem Schulweg, Verfolgen, Jagen, Knuffen, Stoßen, Verprügeln
- Ausgrenzen aus der Klassengemeinschaft, bei Spielen, bei privaten Treffen
- Auslachen, Lächerlichmachen, Unfreundlichkeit, verletzende Bemerkungen
- Erfinden von Gerüchten, systematische üble Nachrede
- Erpressung von materiellen Werten oder bestimmten Handlungen mit Androhung von Gewalt
- Einschüchterung mit Erschrecken und Gewaltandrohung, Zum-Schweigen-Bringen
- Hänseln, stetiges Verspotten, Nachrufen von Schimpfnamen
- Sexuelle Belästigung, auch in Form derber »practical jokes«
- Unfaires Verhalten beim Sport, Fallenstellen
- Ungerechtfertigte Anschuldigungen, gezielte Denunziation
- Verstecken, Beschädigen, Stehlen von Kleidungsstücken oder anderem Eigentum
- Zerstören von im Unterricht erstellten Materialien oder Arbeiten
- Zurückhalten wichtiger Informationen.

Eine bedenkliche Materialsammlung aus deutschen Klassenzimmern! Und sie mündet in das Resümee: »Manche beschleicht schon am Wochenende oder am Morgen ein flaues Gefühl. Der Grund hierfür sind nicht immer schlechte Noten, oftmals werden einzelne Schüler von ihren Klassenkameraden zuerst ›ausgeguckt‹ und dann schikaniert. Meist stehen sie dann ganz allein, weil niemand ihnen hilft.«

Mobbing lässt sich in den meisten Fällen nur von den Opfern selbst benennen und aufdecken. Behindert und gelähmt werden diese jedoch durch das eigene Gefühl des Beschämtseins, durch die Scham und die Angst, Makel und Schwäche eingestehen zu müssen.

Die erwähnte Münchner Studie zitiert drei beliebig ausgewählte Jungen und Mädchen im Alter zwischen neun und elf Jahren: »Ich habe Angst! Dauernd werde ich von Mitschülern verprügelt.« – »Ich will schon gar nicht mehr hingehen. Alle haben was gegen mich in der Schule.« – »Gestern auf dem Schulweg bin ich schon wieder gehänselt worden.« Wie muss es in Kindern aussehen, die ihr Leid so artikulieren! Wobei es immerhin gut ist, dass sie es überhaupt noch tun können ...

Selbstverständlich könnten auch die Täter auf ein Mobbing-Ereignis hinweisen, allerdings haben sie selbst kaum ein Interesse an Aufdeckung. Doch – was treibt eigentlich die Mobbing-Täter? Was macht die Lust am Quälen aus? Sind es nicht – neben Konkurrenzdruck und -neid – meistens dumpfe Minderwertigkeitsgefühle, die die Täter dadurch kompensieren wollen, dass sie ein ausgewähltes Opfer peinigen und erniedrigen? Es ist einfaches, zu einfaches, aber einleuchtendes Schema: Wer andere erniedrigt, erhöht sich dadurch selbst und richtet mit dieser Krücke sein defektes Ego auf.

Die Bedeutung der Gruppe

Man geht grundsätzlich davon aus, dass durch die Anwesenheit von Gruppen Mobbing begünstigt oder gar erst ausgelöst wird. Das erklärt sich damit, dass im Rahmen von Gruppen der Erwartungs- und Leistungsdruck auf den Einzelnen deutlich erhöht ist. Ihnen als Eltern muss es aber auch klar sein, dass Mobbing gerade in der Schule oft zwischen einzelnen Schülern entsteht. Die Gruppensituation begünstigt und verstärkt dann allerdings den Prozess des Mobbings. Dies kann auf zweierlei Weise geschehen: entweder indem sich andere Schüler dem Mobber anschließen oder aber in Form beifälliger oder auch nur »wegschauender« Duldung des Mobbings. Die Gruppe um die beteiligten Akteure – Täter und Opfer – verhält sich nach eigener Meinung entweder parteiisch oder neutral, um so einem eigenen Konflikt aus dem Weg zu gehen. Beide Verhaltensweisen verstärken auf unterschiedliche Weise das Mobbing. Die erste, weil sie den Druck auf das Opfer direkt erhöht, die zweite, weil sie das Opfer in der Situation alleine lässt. Eine Gruppe kann aber auch positiv wirken: wenn sie sich als Anwalt des Opfers versteht und klar Stellung für dieses bezieht. Leider ist zu beobachten, dass so etwas nur sehr selten vorkommt. In der Regel werden – das muss ich auch in meiner Arbeit sehr häufig beobachten – die Mobbing-Opfer allein gelassen.

Die typischen Merkmale von Mobbing

Es gibt eine Vielzahl von grundlegenden Feststellungen hierzu. Damit Sie sich einen Überblick verschaffen und erst einmal orientieren können, hier eine klare »Strukturierung der Wesensmerkmale« von Mobbing:
- Mobbing kann sowohl von einzelnen Tätern als auch von Gruppen ausgehen.
- Mobbing zeichnet sich durch systematisches, strategisches Vorgehen aus.

- Mobbing vollzieht sich regelmäßig über einen längeren Zeitraum.
- Mobbing kann sowohl direkt wie auch indirekt (durch offene Aggression oder hinterhältige Intrige, physisch wie auch psychisch) erfolgen.
- Mobbing ist in mehrfacher Hinsicht ein Verdrängungsvorgang.
- Mobbing-Opfer fühlen sich unterlegen und sehen die Schuld bei sich.
- Mobbing-Opfer fühlen sich diskriminiert und sozial isoliert.

Wie geschieht Mobbing in der Schule?

Mobbingopfer werden in ihrer persönlichen Entfaltung behindert.

Wenn Sie diese grundlegenden Feststellungen zum Phänomen Mobbing auf den Bereich Schule übertragen, dann lässt sich Folgendes sagen: In der Schule erleidet Ihr Kind – wenn es von anderen Schülern gemobbt wird – eine zentrale Einschränkung seiner persönlichen Entwicklung. Es wird von anderen Mitschülern in der Entfaltung seiner Rechte, Freiheiten und Möglichkeiten behindert und muss sich gegen oft nur schwer durchschaubare Anfeindungen wehren.

Mobbing unter den Schülern gestaltet sich sehr unterschiedlich. Wenn es zwischen zwei einzelnen Schülern abläuft, dann ist es im Kontext der Schule fast nie festzumachen. Es ist ein einsames Duell, allerdings mit ungleichen Waffen. Nur Täter und Opfer wissen, wie sich ihre Situation gestaltet. Ist der Vorgang des Mobbens und Gemobbtwerdens jedoch offen ersichtlich (und das ist in der Mehrzahl der Fälle so), dann ist es für das betroffene Kind von besonderer Bedeutung, wie sich die

Gruppe verhält. Ich erlebe oft, dass zunächst unbeteiligte Mädchen und Jungen in solchen Situationen völlig verunsichert und unentschlossen sind, wie sie sich verhalten sollen. Doch kann dies bereits entscheidende Bedeutung haben.

Wie schon zuvor beschrieben, nimmt die Gruppe ganz unterschiedlich Einfluss auf den Ablauf der Geschehnisse: Sie kann zu einer Gang der Mittäter werden, zu einem stummen oder beifälligen Publikum oder – selten genug und meistens nur in schönfärbenden Jugendbüchern oder -filmen anzutreffen – zu einem Korrektiv, das dem Opfer beisteht und den oder die Täter in die Schranken verweist.

Wie beeinträchtigt Mobbing Ihr Kind?

Mobbing unter Schülern zielt darauf ab, dass Ihr Kind – sollte es sich in der Rolle des Opfers befinden – durch unterschiedliche Tatbestände des Mobbings systematisch in seinen Möglichkeiten eingeschränkt wird. Dabei gibt es verschiedene persönliche Ebenen, in die das Mobbing durch seine Handlungen eingreift. Die von Heinz Leymann (»Mobbing – Psychoterror am Arbeitsplatz und wie man sich dagegen wehren kann«. Rowohlt, Reinbek 1993, Seite 33) aufgestellten Richtlinien und die damit verbundenen Tatbestände, die für die Arbeitswelt gelten, lassen sich modifiziert als persönliche Ebenen auch auf die Welt der Schule übertragen. Dies ist für Sie von zentraler Bedeutung, da Sie hierdurch ein Verständnis dafür entwickeln, wie unterschiedlich und komplex die Einschränkungen für Ihr Kind durch das Mobbing in der Schule sein können. Und es zeigt Ihnen gleichzeitig, warum es so schwierig ist, von außen her Mobbing (und vor allem Gemobbtwerden) bei Ihrem Kind zu erkennen.

In der Schule lassen sich fünf Ebenen festlegen, auf denen die Handlungen des Täters gegenüber dem Opfer vollzogen werden:

- Die Möglichkeiten des Opfers, sich mitzuteilen, werden beeinträchtigt.
- Seine sozialen Kontakte werden beständig gestört.
- Das soziale Ansehen des Opfers wird permanent abgewertet.
- Negative Beeinflussung der Lern- und Lebenssituation ist eine weitere Folge.
- Eine erhebliche Beeinträchtigung der Gesundheit des Opfers ist ein deutliches äußeres Zeichen.

Diesen fünf Ebenen lassen sich nun ganz konkrete Handlungen zuweisen: nämlich alle diejenigen, die die Mobber im Einzelnen ausüben. Diese Handlungen, die sehr wohl als Angriffe durch den Täter gegenüber dem Opfer zu verstehen sind, haben großen Einfluss auf die weitere Entwicklung Ihres Kindes, vor allem wenn es das Ziel solcher Angriffe ist.

Die Beweggründe des Mobbers sind dabei sehr unterschiedlich. Vielleicht will er sich in eine Machtposition gegenüber anderen bringen, vielleicht will er demonstrieren, wer der Stärkere ist, oder – wie schon erwähnt – von seinen eigenen Schwächen ablenken.

Das Muster kann ganz einfach sein: Der Rabauke, der Rädelsführer wird beispielsweise immer wieder mit der Nase auf seine intellektuellen Defizite gestoßen. Wieder einmal hat er sich blamiert, weil sein Deutschaufsatz ein hilfloses Gestammel unausgegorener Gedanken war. Aber da gibt es einen in der Klasse, der mit Gedanken und Worten viel geschickter umgehen kann – und vielleicht auch noch dafür gelobt wird. Doch siehe da – der trägt immer so eine seltsame Jacke. Und überhaupt scheint der irgendwie komisch zu sein. Ihn also kann man zum Gespött machen. Ihm kann man die Jacke wegnehmen. Ihn kann man verprügeln oder in den Dreck schmeißen. Ihm kann man jeden Tag die Luft aus dem Fahrradreifen lassen. Und das zum johlenden Gaudium der anderen Schüler! Und schon mutiert der Dumpfkopf zum Helden des Tages …

Nicht die Jacke des gemobbten Jungen, nicht seine Eigenheiten sind Ursache und Grund des Mobbings, sondern nur willkürlicher, vorgeschobener Anlass für den Täter, um sich eine Pseudo-Rechtfertigung zu verschaffen.

Als Eltern müssen Sie sich immer überlegen, ob Ihr Kind, wenn es Opfer von Mobbing unter Schülern geworden ist, dies nur wurde, weil es einem anderen Schüler (dem Täter) gerade gelegen kam. Dabei kann sich die Anzahl der Beteiligten mit der Zeit ausweiten. Und Sie müssen sich darüber im Klaren sein, dass die Ebenen, auf denen Ihr Kind betroffen ist, sich ineinander verzahnen: dass also das, was Ihrem Kind widerfährt, vermutlich nicht das Einzige ist, und dass die einzelnen Vorkommnisse aufeinander aufbauen und einander in ihren Auswirkungen verstärken. Umso wertvoller ist die Erkenntnis, dass ein möglichst frühes Erkennen sich anbahnenden Mobbing-Verhaltens für Sie und Ihr Kind hilfreich ist.

Stellen Sie fest, warum gerade Ihr Kind zum Mobbing-Opfer geworden ist.

In meiner pädagogischen Arbeit muss ich sehr häufig die Erfahrung machen, dass ein zu zögerliches Handeln der Eltern oder auch anderer beteiligter Personen die Situation nur verschlimmert. Es ist wichtig, von Anfang an beherzt und mutig auf die sich abzeichnende Situation zuzugehen und notwendige Schritte zu wagen!

Psychischer Stress und gesundheitliche Folgen

Ständiges Mobbing bedeutet Dauerstress und belastet die Gesundheit Ihres Kindes.

Psychischer Stress ist bei jedem Menschen eine besonders schwere Belastung für seine Gesundheit, denn diese Hochspannung kann dem menschlichen Körper in der Regel nur kurzzeitig zugemutet und von ihm verkraftet werden, so etwa bei anstehenden Prüfungen oder anderem Leistungsdruck in Ausbildung und Beruf – oder eben auch bei außergewöhnlichen psychischen Belastungen wie Mobbing. Als Folge einer permanenten Belastung – vor allem, wenn es bei Mobbing im unerkannten Stadium keine Ausgleichsmöglichkeit durch Entspannung gibt – kann sich dieser Stress als dauerhafte Erscheinung bei der betroffenen Person festsetzen und so zu erheblichen Schäden führen. Das macht sich dann unter anderem dadurch bemerkbar, dass der betroffene Mensch in ständiger Unruhe ist. In vielen Fällen führt diese Dauerbelastung zu einer ganzen Reihe unterschiedlicher Folgeerscheinungen.

Vorherrschend sind hier vor allem Angst, Hilflosigkeit und Überforderung. Wenn Sie sich als Eltern nun klarmachen, was das für Ihr Kind bedeuten kann, erschließt sich Ihnen die Tragweite solcher gesundheitlichen Auswirkungen. Schließlich befindet sich Ihr Kind während der Schulzeit in der bedeutendsten Entwicklungsphase seines Lebens. Und gerade in dieser Phase, in der es unter anderem Selbstbewusstsein, Körperlichkeit, Toleranz und persönliche Fähigkeiten herausbilden soll, wird es durch Mobbing von seinen Mitschülern diesem Stress ausgesetzt. Die Folgeerscheinungen machen es Ihrem Kind unmöglich, die seinem Alter entsprechenden Anforderungen zu bestehen. In meiner pädagogischen Arbeit erfahre ich zusätzlich, dass dieser Stress durch das Umfeld meist noch unbewusst verstärkt wird. Denn gerade bei Kindern erscheint es vielen unverständlich, dass hier psychischer Stress mit im Spiel ist. »Stress? Aber wieso denn – sie ist doch noch ein Kind!« Dadurch erfahren die betroffenen Kinder, so beobachte ich es jedenfalls bei meinen Fällen, eine zusätzliche Stressbelastung, da ihnen niemand so recht glauben will.

Sie als Eltern benötigen hier Ihren Kindern gegenüber also ein gutes Einfühlungsvermögen und eine besondere Wahrnehmungsfähigkeit dafür, woher die Belastung für Ihr Kind kommen könnte. Dass der zuvor beschriebene psychische Stress weit reichende Auswirkungen auf körperliche Symptome und Krankheitsbilder hat, ist hinlänglich erforscht. Gerade wenn Ihr Kind das Opfer von Mobbing unter Schülern geworden ist, sollten die nachfolgenden Schilderungen Sie hellhörig machen. Bereits das Auftreten eines dieser Krankheitsbilder kann ein deutliches Warnsignal sein. Problematisch ist nur, dass manche Krankheiten oft erst nach vielen Jahren in Erscheinung treten. Oftmals wird dann nicht mehr daran gedacht, dass es sich hier um Spätfolgen von Mobbing unter Schülern handeln könnte.

Achten Sie auf Warnsignale bei Ihrem Kind! Dazu gehört die Verstärkung bekannter körperlicher Reaktionen genauso wie Unruhe oder Unkonzentriertheit.

Sie sollten aber auf jeden Fall immer ein besonderes Verständnis für die körperliche Entwicklung Ihres Kindes haben. Je besser Sie sich bei den Entwicklungsphasen auskennen, desto eher können Sie unübliche körperliche Symptome erkennen. Und Sie müssen darauf gefasst sein, dass solche Symptome und Krankheiten von Lehrern, anderen Eltern oder dem behandelnden Arzt sehr schnell und einfach auf den allgemeinen Schul- und Entwicklungsstress geschoben werden.

Allgemeines körperliches Unwohlsein als Folge von Mobbing

Bedingt durch den Stress, dem das Mobbing-Opfer in der Schule ausgesetzt ist, entwickelt es ein Gefühl des allgemeinen Unwohlseins. Dies kann sich sehr unterschiedlich ausdrücken: beispielsweise durch eine ständige innere Unruhe oder auch durch häufig auftretende Kopfschmerzen. Leider lässt sich für Sie und Ihr Kind diese Befindlichkeit nur sehr schwer zuordnen. Es ist oft zu beobachten, dass sich die Symptome mit fortschreitender Mobbing-Dauer verschlimmern und in andere psychische und physische Erkrankungen münden.

Psychische Probleme als Folge von Mobbing

Der Druck, den das Opfer durch Mobbing erfährt, kann zu weit reichenden psychischen Problemen führen. Die ständigen seelischen Verletzungen gehören ebenso dazu wie der Verlust an Selbstwertgefühl oder, im schlimmsten Fall, der Absturz in Depressionen. Sie müssen sich vor Augen führen, welche Belastung dies gegebenenfalls für Ihr Kind als Opfer von Mobbing durch Mitschüler bedeutet.

Mobbing kann die Opfer bis zum Selbstmord treiben.

Es kann dem Druck im schlimmsten Fall nicht standhalten und versucht als letzten Ausweg, sich das Leben zu nehmen. In den meisten Fällen werden die psychischen Probleme in den Hintergrund gedrängt, und es kommt zu körperlichen Erkrankungen. Die erfahrenen Verletzungen bleiben dem betroffenen Kind erhalten und begleiten es leider oft sein ganzes Leben lang.

Häufen sich zum Beispiel bei Ihrem Sohn oder Ihrer Tochter Kopfschmerzattacken oder Essstörungen, Hautallergien oder Magenschmerzen, Zyklusschwankungen oder Schwächezustände – um nur ein paar Beispiele zu nennen –, dann sollten Sie selbstverständlich den zuständigen Arzt oder die entsprechende Ärztin aufsuchen. Achten Sie darauf, dass die Symptome nicht allein unter dem Aspekt schulmedizinischer Ursachenermittlung betrachtet werden, sondern loten Sie möglichst schon vor dem Arztbesuch die schulische und psychische Situation in vertrauensvollen, geduldigen Gesprächen mit Ihrem Kind aus.

Welche Rolle spielt Ihr Kind?

In vielen Büchern zum Thema Mobbing werden die Gründe, warum jemand Opfer von Mobbing wird, vorwiegend bei den Opfern selber festgemacht. Sie sollten sich davon nicht zu sehr beeindrucken lassen. Denn häufig münden diese Gründe in die gängige Feststellung, dass es sich in der Regel um Außenseiter handelt, die zur Zielscheibe und also in unserem Fall zum Mobbing-Opfer anderer Schüler werden. Die Folgerung daraus wäre ein allzu simples Rezept: Verhalte dich nicht als Außenseiter, und du wirst nicht von den anderen gemobbt! Weit gefehlt! Und über die Täter beim Mobbing unter Schülern wird sehr wenig oder gar nichts gesagt.

Nicht nur »typische Außenseiter« werden zu Mobbing-Opfern.

Ich sehe oft genug, wie Mädchen und Jungen leiden, nur weil sie vom Aussehen, Denken oder Fühlen her nicht den Interessen der anderen entsprechen und glauben, eben deshalb gemobbt und als Außenseiter abgestempelt zu werden. Dabei sind solche äußerlichen Anlässe in der Regel nicht mehr als ein Vorwand für die bereits von sich aus gewaltbereiten Täter. Sie sollten auf keinen Fall zu dem Schluss kommen, dass Ihr

Kind, da Sie sich nun mit dessen Rolle im Rahmen von Mobbing unter Schülern beschäftigen, zum Außenseiter wird oder a priori Außenseiter sei. Vielmehr müssen Sie für sich zu der Überzeugung gelangen, dass kein Kind von sich aus ein Außenseiter ist. Denn nur wenn wir diese innere Haltung einnehmen, geben wir den Tätern unter den Schülern nicht weiterhin eine Chance und eine »logische« Entschuldigung an die Hand.

Gelingt dies nicht, so birgt dies gleich zweierlei Gefahren in sich. Im gesellschaftlichen Kontext bedeutet dies, dass Sie als Eltern, ebenso wie viele andere, auch weiterhin Außenseiter schaffen, darunter Ihr eigenes Kind. Oder Sie laufen genau umgekehrt beim weiteren Lesen Gefahr, mit verstellter Optik die Jugendlichen in den Fallbeispielen dieses Buches ganz einfach als Außenseiter zu betrachten. Sie würden damit zu dem voreiligen Schluss gelangen, dass all dies für Ihr Kind ja nicht zutreffen könne und es daher wohl auch kein Opfer von Mobbing unter Schülern wäre. Zweimal falsch! Sie sollen vielmehr ein Gefühl dafür entwickeln, was Ihr Kind in der Rolle des Opfers oder auch des Täters zu bewältigen hat, wo die Auslöser und Beweggründe festzumachen sind und welche erzieherischen Defizite dahinter vermutet werden können.

Außenseiter gibt es nicht – nur Individuen, die respektiert werden müssen.

Ihr Kind als Opfer von Mobbing

Vielerlei Gründe kann es dafür geben, warum Ihr Kind sich möglicherweise in der Opferrolle von Mobbing unter Schülern befindet. Besondere Eigenschaften und Verhaltensweisen können dem Täter als willkommener Anlass dienen. Ebenso ist es möglich, dass bestimmte Interessen und Fähigkeiten Ihr Kind in die Rolle des Mobbing-Opfers drängen. Aber auch Ihr eigener erzieherischer Umgang mit Ihrem Sprössling kann ein Grund sein, warum sich Ihr Kind dem Mobbing seiner Mitschüler ausgesetzt sieht. Wenn Sie Ihr Kind zu ängstlich umsorgt und an der Entfaltung eines starken Selbstbewusstseins gehindert haben, wird es den Angriffen unverfrorener Mobber in seiner Klasse wehrlos ausgeliefert sein. Auch können besondere Umstände in der Schule (so etwa die Gruppenkonstellation in der Klasse, das Verhalten einer Lehrkraft) das Gemobbtwerden Ihres Kindes begünstigen. Doch welche Gründe auch zum Mobbing Ihres Kindes durch seine Mitschüler führen, Ihr Kind erleidet dadurch immer einen spürbaren, störenden, ja zerstörenden Eingriff in die eigene Entwicklung. Und in den Entwicklungsphasen von Mädchen und Jungen im Alter zwischen 11 und 16 Jahren werden nun einmal sehr prägende Entscheidungen für das zukünftige Leben der Heranwachsenden getroffen.

Sogar Ihr eigener Erziehungsstil kann Ihr Kind zum Mobbing-Opfer machen.

Stellen Sie sich als Mutter oder Vater vor, welche Störungen Ihr Kind in dieser Phase durch Schüler-Mobbing erlebt. Ihr Kind wird von Gleichaltrigen ständig auf unterschiedlichste Weise verletzt und in den Möglichkeiten zur Umsetzung seiner Entwicklungsaufgaben behindert. Ihr Kind kann Erfahrungen und Erkenntnisse hinsichtlich seiner eigenen Interessen, Gefühle und Ängste nicht frei umsetzen, da es sich ständig den Störungen durch andere ausgesetzt sieht.

Ihr Kind muss gerade in der Pubertät viele Entwicklungsschritte bewältigen, die durch Mobbing eine massive Störung erfahren.

So wichtig in diesem Alter das Lernen innerhalb von gleichaltrigen Gruppen ist, so problematisch ist das Mobbing durch gleichaltrige Mitschüler innerhalb der Schule. Denn die Verunsicherung, die Ihr Kind von Natur aus verständlicherweise in dieser Entwicklungsphase verspürt, wird durch das Mobbing noch um ein Vielfaches verstärkt. Ihr Kind braucht in dieser Phase seines Lebens Raum, um sich auszuprobieren. Es muss erfahren können, was hinter all den Neuerungen steckt, die sich bei ihm körperlich, geistig und emotional einstellen.

Mobbing behindert die Entwicklung der eigenen Persönlichkeit.

Die Situation Ihres Kindes entwickelt sich nun, als würde es sich zwangsläufig in einer endlosen Spirale bewegen. Interessen, Fähigkeiten und Verhaltensweisen, die nicht den willkürlichen, meist primitiven Vorstellungen des Täters entsprechen, können sich nicht mehr entfalten, sondern werden durch das Mobbing in der Schule ständig negativ belegt. Ich erlebe es sehr häufig in der pädagogischen Praxis, dass Mädchen und Jungen dauerhaft unter den Erfahrungen als Opfer von Mobbing durch Mitschüler zu leiden haben. In dem Kind angelegte Talente und individuelle Eigenschaften können sich nicht entfalten, es kann nicht zu sich selbst stehen. Ihr Kind kommt nach und nach zu dem Schluss, nicht »normal« zu sein. Es fühlt sich selbst als Außenseiter. Mögliche Begründungen für das vermeintliche »Fehlverhalten« sucht Ihr Kind bei sich selbst und nicht beim eigentlich Schuldigen. Wie sich das in der konkreten Entwicklung über Jahre hinweg auswirken kann, erfahren Sie in den Fallbeispielen.

Ihr Kind als Täter beim Mobbing

Ihr Kind muss aber nicht nur Opfer von Mobbing unter Schülern sein. Genauso kann es sich ergeben, dass es selbst zum Mobber, also zum Täter wird. Die Gründe sind vielfältig, aber im Kern bereits umrissen worden: Machtaufbau durch Aggression. Ihr Kind als Täter kann verschiedene Gelegenheiten zum Anlass nehmen, um andere Schüler zu mobben.

Es hat vielleicht zu einem früheren Zeitpunkt erfahren, wie »lustig« es sein kann, andere Menschen unter Druck zu setzen. Möglicherweise hat es ein entsprechendes schlechtes Beispiel an Erwachsenen gesehen. Oder es hat einmal erfolgreich kleinere Kinder drangsaliert. Ihr Kind verschafft sich dadurch Respekt in der Schulklasse und erfährt, was es heißt, auf diesem Weg an Einfluss zu gewinnen. Vielleicht erhält es ja auch von Ihnen als Eltern zu wenig Bestätigung und versucht, sein Selbstbewusstsein durch die Erniedrigung anderer Kinder zu erhöhen. Oft werden Kinder auch darin bestärkt, ihre Mitschüler zu mobben, wenn sie die Erfahrung machen, dass solches Verhalten nicht weiter bestraft, ja vielleicht sogar unter bestimmten Umständen gelobt wird. Gerade in der Schule ist dies wegen der Unübersichtlichkeit der personellen und räumlichen Verhältnisse durchaus möglich. Und wie beim Opfer greifen die Erlebnisse in die eigentliche Entwicklung Ihres Kindes als Täter ein und prägen diese nachhaltig.

Dabei sind die persönlichen Folgen nicht annähernd so gravierend wie die zuvor aufgezählten bei den Opfern, doch muss auch hier auf mögliche Konsequenzen hingewiesen werden. Denn die Erfahrungen, die ein Kind als Mobber in der Schule gewinnt, prägen seinen weiteren Lebensweg und verhindern das Lernen wichtiger sozialer Kompetenzen wie Kooperation, Toleranz und Kommunikation. Durch sein Tun erhält das Kind dauerhaft den Eindruck, dass alle diese Kompetenzen unnötig sind, wenn man sich nur mit Gewalt behaupten und durchsetzen kann. Es wäre in diesem Zusammenhang gewiss eine

Täter zu sein bleibt auch nicht ohne Folgen – vor allem soziale und emotionale Eigenschaften und Kompetenzen werden oft erst gar nicht entwickelt.

interessante Untersuchung, nachträglich das schulische Auftreten rücksichtslos dominanter, in ihrem Sozialverhalten negativ geprägter, ja geschädigter Erwachsener zu erkunden. Gefürchtete Kasernenhofschleifer, tyrannische Chefs, intrigante Schwätzer und brutale Ellenbogentypen haben ihre Verhaltensmuster doch gewiss nicht erst als Erwachsene erworben, sondern vermutlich bereits an Gleichaltrigen in der Schule erprobt.

Bewahren Sie Ihr Kind davor, sich zu einem so unerfreulichen Erwachsenen zu entwickeln! Lassen Sie ihm die Wertschätzung zuteil werden, die es zur Entwicklung eines gesunden Selbstwertgefühls braucht, und zeigen Sie ihm, dass es kein rühmlicher Weg ist, sich selbst größer zu machen, indem man andere erniedrigt.

Und das beeinflusst die Situation auch noch

Mehrere Faktoren können die Situation und die davon betroffenen Personen negativ beeinflussen und damit das Mobbing unter Schülern zusätzlich verstärken. Auf manche dieser Umstände haben Sie als Eltern nur bedingt oder gar keinen Einfluss. Ein Aspekt ist das jeweilige Verhalten der Mitschüler gegenüber den beteiligten Akteuren. Wie schon zuvor geschildert, wollen viele einem möglichen Konflikt aus dem Weg gehen und überlassen das gemobbte Kind seinem Schicksal. Vielfach wird das Mobbing durch die Gruppe verstärkt, indem diese sich hinter dem Mobber sammelt und ein gemobbtes Kind sozial isoliert. Ein weitere Verschlechterung der Situa-

Das Verhalten der anderen Mitschüler wirkt sich auf Opfer und Täter aus und kann die Situation entscheidend beeinflussen.

tion kann für das Mobbing-Opfer auch durch das Verhalten der Lehrkräfte erfolgen. Denn auch ein Lehrer hat seine persönlich gefärbten Vorstellungen von den einzelnen Mädchen und Jungen (wenn nicht gar Vorurteile) und bringt sie – bewusst oder unbewusst – im Umgang mit seinen Schülern ein. Ein Lehrer kann durch seine Art, mit einem einzelnen Schüler umzugehen, bewirken, dass dieser von ihm zwar nicht absichtlich, aber doch unterschwellig zum vermeintlichen Außenseiter gestempelt wird. Er führt anderen Mitschülern die negativen Eigenschaften des betreffenden Schülers vor und setzt ihn somit dem Mobbing aus oder gibt unbewusst jenen Recht, die den Schüler bereits mobben. Das Opfer ist damit sozusagen von höherer Stelle zum Abschuss freigegeben.

Umgekehrt kann ein Lehrer einen Schüler oder eine Schülerin so behandeln, dass er oder sie für Mobber unangreifbar wird. Das heißt natürlich nicht: vordergründiges Lob für gutes Lernen! Aber ein Lehrer kann durch sein Verhalten einem Schüler gegenüber Wertschätzung signalisieren und zeigen, dass er ihn ernst nimmt und in seiner Persönlichkeit akzeptiert. Das bewirkt viel!

Das Verhalten der Lehrer kann Mobbing mitverursachen oder verhindern helfen.

Und natürlich können auch Sie im ungünstigen Falle das Schüler-Mobbing durch Ihre eigenen Reaktionen Ihrem Kind gegenüber noch verstärken. Dies kann insbesondere dadurch geschehen, dass Sie selbst Ihr Kind über bestimmte Verhaltensweisen in die Außenseiterrolle drängen. Überhaupt hat es verheerende Folgen, wenn Ihr Kind als Mobbing-Opfer in Ihnen keinen toleranten, verständnisvollen Ansprechpartner findet, sondern eher das Gefühl haben muss, dass auch Sie einen Teil der Schuld an seinem Martyrium in ihm suchen. Deshalb ist es ganz besonders wichtig, dass Sie sich Ihrer Rolle in dem Spannungsfeld zwischen den Mobbing-Vorgängen in der Schule und der Situation Ihres eigenen Kindes bewusst werden.

Welche Rolle Sie als Eltern spielen

Sie haben nun sehr eingehend erfahren, welche Konsequenzen Mobbing in der Schule für Ihr Kind haben kann. Daher erklärt sich Ihnen auch die besondere Bedeutung, die Sie als Eltern gegenüber Ihrem Kind einnehmen. Im Zusammenhang mit Mobbing unter Schülern lassen sich für die Rolle der Eltern insgesamt vier unterschiedliche Bereiche benennen, die für die Vorbeugung gegen und den Umgang mit Mobbing unter Schülern absolut unverzichtbar sind:

- Vorausschauende Erziehung ist die beste Vorbeugung.
- Zeigen Sie Offenheit in allen Entwicklungsphasen Ihres Kindes!
- Bei allen Problemen Ihrer Kinder sollten Sie Verständnis, Geduld und Toleranz beweisen.
- Signalisieren Sie Ihrem Kind Bereitschaft zum aktiven Eingreifen – und leisten Sie dann auch wirklich Hilfe! Lassen Sie Ihr Kind nicht im Stich!

Sie sehen also, dass von Ihnen eine hohe Kompetenz im Umgang mit Ihren Kindern erwartet wird. Was dies nun im Einzelnen für Sie bedeutet, erfahren Sie in den nachfolgenden Ausführungen. Aber wenn Sie selbst sich damit überfordert sehen, scheuen Sie sich nicht, pädagogische oder therapeutische Hilfe in Anspruch zu nehmen. Die Auswirkungen von Mobbing sind einfach zu gravierend.

Warum denn jetzt die Fallbeispiele?

Meine bis hierher allgemeine Beschreibung des Phänomens »Mobbing in der Schule« mit all seinen Auswirkungen – und möglichen Gegenmaßnahmen – stützt sich auf eine Vielzahl von Einzelfällen, die ich in meiner beruflichen Praxis kennen gelernt habe. Sie werden sich nun vielleicht fragen, warum ich dann nachfolgend zwei einzelne Jugendliche herausgreife und so eingehend über sie berichte. Sind sie denn repräsentativ für die Mehrzahl gemobbter (und mobbender) Schüler? Lässt sich diesen Einzelfällen so viel Typisches entnehmen, dass Sie es auch auf die Situation Ihres Kindes übertragen und praktischen Nutzen daraus ziehen können?

Sinn dieser detaillierten Darstellungen ist es, Ihnen die gesamte Dimension von Mobbing unter Schülern für die Entwicklung eines – und damit vielleicht auch Ihres – Kindes aufzuzeigen. Sie werden am Anfang jeder Beschreibung des Jugendlichen erfahren, wie sich seine aktuelle Situation darstellt. Dann werden Sie in mehreren Schritten die einzelnen, wesentlichen Entwicklungsphasen im Zusammenhang mit der Schule kennen lernen. Zwischen diesen Phasen finden Sie immer wieder Beurteilungen der Situation und der möglichen direkten und weiter reichenden Folgen, anschließend Hinweise auf Reaktionsmöglichkeiten sowie vorbeugende Verhaltensvorschläge für Sie im Umgang mit Ihrem Kind.

Die Fallbeispiele sind übrigens authentisch, sie stellen reale Personen vor und geben tatsächliche Vorgänge wieder, wobei Namen und Ortsangaben zum Schutz der wirklichen Personen selbstverständlich geändert wurden.

Maria – »Klops« mit Brille

Maria – »Klops« mit Brille

Es ist nicht einfach nur das scheinbare Missverhältnis zwischen Stärkeren und Schwächeren, das zwangsläufig zu einer Mobbing-Situation führen muss. Die Grausamkeiten können viel subtiler ablaufen. Wie schlimm es beispielsweise unter Mädchen zugehen kann, zeigt der Fall von Maria.

So lebt Maria heute

Am Anfang steht eine Skizze von Marias aktueller Lebensweise. Im weiteren Verlauf erfahren Sie dann in allen Einzelheiten, was Maria in ihrer Schulzeit und natürlich auch in ihrem privaten Umfeld erlebt hat. Dies wird Ihnen verdeutlichen, wie schwierig es für Maria war, ihren Weg zu gehen.

Fallbeispiel Heute ist Maria zwanzig Jahre alt und lebt in einer Kleinstadt. Sie hat eine durchschnittliche Körpergröße, macht einen körperlich etwas kompakteren Eindruck. Sie ist allerdings nicht übergewichtig, sondern von ihrer Statur her fester gebaut. Zudem ist Maria seit ihrer Kindheit Brillenträgerin. Sie arbeitet als ausgebildete Köchin in einem sehr angesehenen Restaurant. Aufgewachsen ist Maria bei ihren Eltern in einer Großstadt. Die Entscheidung, diese Stadt zu verlassen, fällte Maria, weil die Eltern sich nicht mit ihrer Schul- und Familiengeschichte auseinandersetzen wollten.

Maria entschied sich, alles hinter sich zu lassen, und hat zur Zeit nur wenig telefonischen Kontakt zu den Eltern. Der Wechsel des Lebensumfeldes vor einem Jahr ist ihr, trotz aller Differenzen mit den Eltern, nicht leicht gefallen. Ihr Beruf verlangt Maria viel ab, und sie wird von Kollegen und Vorgesetzten geschätzt. Maria wirkt nach außen sehr scheu und verschlossen. Es fällt ihr nicht leicht, andere Menschen kennen zu lernen und mit ihnen freundschaftlichen Kontakt zu pflegen. Zudem ist sie nicht sehr selbstbewusst, besonders was ihre Figur und ihr damit verbundenes Auftreten betrifft. Wenn Maria mit sehr vertrauten Menschen zusammen kommt, wird man sie ganz anders erleben: Dann ist sie sehr offenherzig und strahlt eine natürliche Fröhlichkeit aus. Leider kann man aber Maria im jetzigen Stadium ihres Lebens nur sehr selten so erleben.

Seit gut einem Jahr lebt sie in einer Beziehung mit einem deutlich älteren Mann. Dabei waren zweimal kurzzeitige »Beziehungspausen« zu beobachten. Ihre Freizeit verbringt Maria häufig alleine beim Lesen und Musikhören.

Die derzeitige Situation von Maria wird Ihnen nicht sehr außergewöhnlich erscheinen. Und sicher haben Sie Recht mit dieser Einschätzung. Doch sind Marias offensichtliche Defizite erkennbar, und es zeigt sich, dass sie ihr Leben nicht besonders leicht bewältigen kann. Das heutige Tun und Handeln von Maria spiegelt wider, wo sich im Laufe ihrer Entwicklung Narben gebildet haben. Sie wird geprägt von dem, was sie während ihrer Schulzeit an Verletzungen und Enttäuschungen erleben musste.

Es fällt Maria sehr schwer, eine partnerschaftliche Beziehung aufrechtzuerhalten. Obwohl ihr Partner die Hintergründe kennt und versucht, sich mit Maria darauf einzustellen, kann Maria sich nur schwer »fallen lassen« und dem anderen Menschen unvoreingenommenes Vertrauen entgegenbringen. Sie steht noch mitten in dem Prozess der Selbstfindung und der damit einhergehenden Beseitigung von Blockaden.

Marias Geschichte ist für Sie auch deshalb von hohem Informationswert, weil ihre Eltern einige folgenreiche Fehlentscheidungen getroffen haben.

Sie werden beim weiteren Lesen verstehen, wo Ihre Chancen liegen im Kampf gegen das Mobbing unter Schülern und welche Fehler Sie nach Möglichkeit vermeiden sollten.

Erst wurde Maria gehänselt

Es lässt sich hier ganz deutlich beobachten, wie scheinbar harmlos alles anfängt. Umso wichtiger ist es, daraus die Lehre zu ziehen, dass Eltern auf die ersten Anzeichen achten sollten, wenn sie den Eindruck gewinnen, dass ihr Kind von seinen Schulkameraden in eine Außenseiterrolle gedrängt wird.

Fallbeispiel Maria besuchte die Grundschule in unmittelbarer Nähe ihrer elterlichen Wohnung. Die meisten Kinder in ihrer Klasse kamen aus der Nachbarschaft, und einige von ihnen kannte sie schon sehr gut und war mit ihnen befreundet. Maria war ein sehr lustiges, verspieltes Mädchen. Oftmals fiel auf, wie phantasievoll und auch ein wenig verträumt Maria zu dieser Zeit war. Sie freute sich auf die Schule und das, was da wohl alles Spannendes passieren würde. Sie war für ihr Alter von normaler Größe, etwas pummelig, und sie trug bereits eine Brille.

Maria war eine gute Schülerin, die im Unterricht als recht quirlig auffiel. Da ihre Sehschwäche für ihr Alter schon sehr ausgeprägt war, gehörte Lesen nicht zu ihren Lieblingsfächern. Zudem wollte sie gerne beim Sport mitmachen, konnte aber wegen ihrer Brille nicht an allen Disziplinen teilnehmen. Sie wirkte manchmal etwas tollpatschig. Bereits in der zweiten Klasse musste Maria erfahren, was es bedeutet, von den Mitschülerinnen gemobbt zu werden.

Bis hierher ist im Prinzip nichts Ungewöhnliches in dem aufgetreten, was Sie über Maria und ihren Schulstart erfahren konnten. Das zeigt, dass es anfangs keine gravierenden Anzeichen geben muss, wenn Ihr Kind das Opfer von Schikanen und Hänseleien wird. Es gibt weder bei Ihrem Kind noch in der Schulsituation klare Anfangsmerkmale, die erkennen lassen, warum sich das Mobbing der Mitschüler gerade gegen Ihre Tochter oder Ihren Sohn richtet. Umso wichtiger ist es für Sie, die unausgesprochenen Signale Ihres Kindes zu erkennen.

Mobbing unter Schülern beginnt ganz unauffällig.

Die Mädchen und Jungen aus meinem beruflichen Umfeld machen die ersten negativen Erfahrungen mit Gleichaltrigen bereits in der Grundschule. Dies prägt sie für ihr gesamtes weiteres Schulleben.

Ihre eigene Haltung und Offenheit gegenüber Ihrem Kind ist von zentraler Bedeutung. Denn auch wenn die ersten Anfänge meist nicht eindeutig zu erkennen sind, heißt das nicht, dass Sie Ihr Kind nicht vor solchen Erfahrungen schützen können. Allerdings kann sich jede noch so kleine Verletzung der Persönlichkeit in der weiteren Entwicklung Ihres Kindes festsetzen. Interesse für die täglichen Belange Ihres Kindes, Offenheit und Gesprächsbereitschaft sollten Ihnen selbstverständlich sein.

Fallbeispiel Der Einstieg in das Mobbing von Maria durch ihre Mitschüler ergab sich mit einer fast schon akzeptierten »Normalität«: Maria
wurde immer häufiger von einem Mädchen in der Klasse wegen
ihrer Brille gehänselt. Also gut, kann man sagen, welchem Kind,
das in der Schule eine Brille trägt, ist das nicht schon einmal
passiert? Und wenn es nicht die Brille ist, dann vielleicht eine
Zahnspange oder etwas Ähnliches.

Das Mädchen, das Maria hänselte, war selbst sehr begabt beim
Sport und hatte im Sportunterricht bemerkt, dass Maria durch
ihre Brille dabei etwas behindert wurde. Sie witzelte erst im
Sportunterricht, im weiteren Verlauf auch in anderen Stunden
über Marias Brille. Der Titel »Brillenschlange« war Maria schnell
verliehen. Maria, sowieso schon ein wenig verunsichert wegen
ihrer Brille, wurde nun noch unsicherer. Andere Kinder aus der
Klasse beteiligten sich ebenfalls an dem Spott und lachten Maria aus. Zwei Kinder, die ebenfalls Brillen trugen, hielten sich
sehr zurück und waren froh, dass – eigentlich unerklärlicher-
weise – nicht sie von den Mitschülern aufs Korn genommen
wurden. Maria erzählte zu Hause, dass die Mitschülerinnen sich
über sie und ihre Brille lustig machten. Die Eltern stellten Maria
gegenüber klar, dass das nicht so schlimm sei und sicher wieder von alleine aufhören würde.

*Mobbing verfestigt sich
erst nach und nach.*

Es beginnt also – von außen gesehen – alles ganz belanglos
und »normal«. Selbst die Eltern von Maria waren überzeugt,
dass es so schlimm gar nicht sein konnte. Sie glaubten, dass
es sich hierbei um das übliche Geplänkel zwischen Kindern
handelte. Maria hingegen fühlte sich verletzt. Ihre Unsicherheit wegen der Brille, insbesondere im Sportunterricht, wurde
nun noch verstärkt. Sie bekam durch ihre Mitschülerin bestä-

tigt, dass sie selbst diese Unsicherheit zu Recht verspürte. Das Gelächter der unbeteiligten Mitschüler verstärkte die Situation natürlich noch.

Die Eltern von Maria machten an diesem Punkt einen entscheidenden Fehler: Sie fühlten sich nicht in die Situation der Tochter ein und übersahen, dass Maria zuvor nie über solche Vorkommnisse berichtet hatte. Die Eltern hätten sich die Frage stellen müssen, warum dies jetzt in der Schule begann und wieso sich Maria jetzt so sehr als Opfer fühlte, dass sie zu ihren Eltern darüber sprach. Diesen Fehler werden Sie gewiss nicht wiederholen.

Elterntipp

Was Sie nicht tun sollten, können Sie am Verhalten von Marias Eltern ablesen. Hören Sie bitte Ihrem Kind genau zu, und vergleichen Sie, ob Ihnen wesentliche Veränderungen zu früheren Erzählungen bewusst werden. Das Vorgehen der Mitschüler gegen Maria wurde von den Eltern noch als ganz normal für dieses Alter und als nicht weiter schlimm erachtet.

Hören Sie Ihrem Kind genau zu, aber vermeiden Sie Hysterie und übertriebene Kontrolle.

Lassen Sie mich hier aber bitte etwas klarstellen: Ich plädiere nicht dafür, besondere Überempfindlichkeiten bei von Klassenkameraden geneckten Schulkindern zu züchten, eine hysterische Überbewertung von kleinen Kümmernissen an den Tag zu legen und die eigenen Kinder ständig und ängstlich auf irgendwelche Symptome und Signale zu kontrollieren. In der Gemeinschaft der Kinder im Kindergarten, in der Schule, auf dem Gymnasium wird auch Ihr Kind auf die raue Wirklichkeit des späteren Lebens vorbereitet. Weder das Leben später noch die Lehrer und Schulkameraden jetzt fassen Ihr Kind mit Samthandschuhen an. Es muss lernen, sich angemessen zu behaup-

Wenn seelische Schäden drohen, müssen Sie eingreifen.

ten und zur Wehr zu setzen. Darauf sollte Ihre Erziehung abzielen. Ängstlich behütete Kinder werden keine freien Persönlichkeiten. Aber: Wenn ein Kind es nicht schafft, sich zu wehren, wenn die normalen Auseinandersetzungen zwischen Kindern eskalieren und ein Opfer seelische Beschädigungen davonzutragen droht wie Maria, dann ist aktives Eingreifen vonnöten! Seien Sie sich immer im Klaren darüber, dass einseitige Beleidigungen und Hänseleien, ständiges Verspottet- und Ausgelachtwerden niemals zur Normalität in der Entwicklung Ihres Kindes werden dürfen. Auch die Lehrer von Maria haben in den akuten Situationen nicht Partei ergriffen. Solange nichts Sichtbares passiert, sehen viele Lehrer tatenlos zu. Was Maria widerfahren ist, kann jedem Kind passieren. Es muss nicht einmal eine Brille sein. Schiefe Zähne, Schielen, eine besondere Schultasche oder »komische« Kleidung tun es ebenso. Sollten Sie in der glücklichen Lage sein, dass Ihr Kind sich mit den Vorkommnissen an Sie wendet, dann geben Sie ihm das Gefühl, dass Sie sich in seine Lage versetzen. Machen Sie nicht den Fehler, nur halb hinzuhören oder gegebenenfalls nichts zu unternehmen! Suchen Sie nicht gleich nach einer schnellen und scheinbar plausiblen Erklärung, um das Problem ad acta legen zu können. Denn Ihr Kind wird eine solche Patentlösung nur schwerlich verstehen.

Stattdessen können Sie durch das zu schnelle »Abhaken« des Falles bei Ihrem Kind das Gegenteil bewirken. Ihr Kind fühlt sich unverstanden, den Anfeindungen der Mitschüler hilflos ausgesetzt. Ich beobachte häufig während meiner Tätigkeit, dass zu schnelle Lösungen die Kinder und Jugendlichen überfordern. Sie brauchen Zeit, um sich mit dem Erlebten zu arrangieren. Wenn Ihrem Kind etwas Vergleichbares wie Maria geschieht, dann sprechen Sie eingehend darüber, welche Gefühle das bei ihm ausgelöst hat. Fragen Sie bei Ihrem Kind nach, wie ihm in den Situationen zu Mute ist und was in Zukunft anders sein soll. Und klären Sie unmissverständlich ab, dass solche Hänseleien und Beleidigungen keinesfalls in Ordnung sind und dass es gut war, dass Ihr Kind sich Ihnen anvertraut hat. Auch hier wird wieder deutlich, wie wichtig es für Sie als Eltern ist, bezüglich des Schulalltags Ihres Kindes aktiv nachzufragen. Ihr Kind gewinnt daraus die Zuversicht, dass es auch von sich aus zu Hause über negative Erfahrungen berichten kann.

Fragen Sie Ihr Kind nach seinen Erlebnissen in der Schule.

Sprechen Sie auf jeden Fall mit Lehrern über die Vorkommnisse. Machen Sie in solch einem Gespräch unmissverständlich deutlich, dass Sie als Eltern es nicht akzeptieren können, wenn solche Ereignisse im Schulalltag als »Normalität« behandelt werden. So schützen Sie Ihr Kind und vielleicht auch Kinder anderer Eltern vor möglichen Übergriffen.

Extreme Erfahrungen in der Grundschule

Die Vorkommnisse rund um die Brille waren für Maria leider erst der Anfang. Die Übergriffe durch die Mitschüler sollten an Intensität, Häufigkeit und Tragweite für ihre weitere Entwicklung noch zunehmen. Die anfänglichen Erfahrungen von Mobbing durch Mitschüler verstärken sich, wenn Sie als Eltern sich nicht zuständig fühlen, etwas zu ändern.

Lassen Sie Ihr Kind nicht allein in solch einer Situation. Geben Sie ihm die erforderliche Bestätigung, und sprechen Sie mit den Lehrern!

Es sollte Ihnen immer ein besonders wichtiges Anliegen sein, sich durch beständiges, aber nicht einengendes oder bedrängendes Interesse die Situation Ihres Kindes jederzeit vor Augen führen zu können.

In der verbleibenden Schulzeit an der Grundschule musste Maria sehr weit reichende Übergriffe seitens ihrer Mitschülerinnen durchleben. Die Hänseleien rund um die Brille setzten sich zunächst einmal fort. Doch mit der Zeit wurde das der Schülerin, von der das Mobbing ursprünglich ausgegangen war, zu langweilig. Sie dehnte ihre Attacken aus. Eines Tages kam sie im Sportunterricht auf ein ganz neues Thema. Die Mitschülerin hänselte und ärgerte Maria mit der Feststellung, dass nicht die Brille schuld sei an ihren Problemen beim Sport, sondern ihre Figur. Das Mädchen rief Maria zu, dass sie ja ein »Klops« sei und deshalb nicht gut beim Sport sein könne. Die Täterin hingegen war, wie schon erwähnt, eine exzellente Sportlerin und spürte, dass Maria dem nichts entgegenzusetzen vermochte. Viele der anderen Mitschülerinnen lachten Maria aus und machten ihre Witze. Maria fühlte sich bloßgestellt vor der Klasse. Eigentlich hatte sie sich bis dahin nie Sorgen um ihre Figur gemacht. Sie empfand sich nicht als Schönheit, doch sie kam mit ihrer Figur gut zurecht. Bis zu dem Vorfall hatte sie eine positive Einstellung zu ihrer Körperlichkeit gehabt.

Doch nun war Maria sichtlich verunsichert, was die anderen Mitschülerinnen auch spüren konnten. Die Schülerin, die Maria bisher gemobbt hatte, weitete ihre Übergriffe von da an aus. Maria sah sich nun ständig den Angriffen der Mitschülerin ausgesetzt. Diese hänselte und beleidigte Maria immer wieder während des Unterrichts, auf dem Pausenhof sowie auf dem Schulweg. Dabei wurde sie wieder mit Schimpfwörtern wie »Klößchen« und »Möpschen« belegt. Von ihren Mitschülern erhielt sie kaum Unterstützung. Die meisten fanden es nur lustig und lachten über Maria. Nur einige wenige Kinder aus ihrer Klasse gaben ihr zumindest zu verstehen, dass sie keineswegs dick oder hässlich sei. Ihr half das nur wenig. Sie fühlte sich alleine gelassen und isoliert in der Klasse. Maria sprach das Thema zu Hause an, um zu hören, was sie an der Situation verändern könnte. Aber ihre Eltern waren auch hier der Meinung, dass dies nur der übliche Spaß unter Schülern wäre, und sie gaben Maria den Rat, die gehässigen Mitschülerinnen zu ignorieren. Die wollten sie ja bloß ärgern und sich lustig machen. Einfach ignorieren und abwarten, da sich das mit der Zeit sowieso erledigen würde. Marias Figur sei schon in Ordnung. Maria musste sich also alleine der Situation stellen. Sie fühlte sich alleine gelassen und ohne Unterstützung durch die Eltern.

Am Ende der Grundschulzeit spitzte sich die Situation mit der Mitschülerin zu. Mehrmals wurde Maria von ihr in der Klasse, auf dem Pausenhof und auf dem Schulweg geschubst und gestoßen. Dabei wurden ihr gleichzeitig Schimpfwörter nachgerufen. Der schlimmste Fall ergab sich dann am Ende des letzten Grundschuljahres. Auf dem Heimweg wurde Maria wieder von besagter Mitschülerin gehänselt und geschubst. Einige andere Kinder liefen neben ihr her und witzelten über sie. Plötzlich stolperte Maria, fiel auf den Boden und schlug sich ein Knie auf. Die Mitschüler lachten sie nur aus und gingen einfach weiter. Maria erzählte zu Hause nur, dass sie auf dem Heimweg gestolpert sei. Von den vorangehenden Vorfällen in der Schule erwähnte sie ihren Eltern gegenüber nichts mehr.

Dieses Beispiel zeigt auf drastische Weise, wohin es führt, wenn die Berichte eines Kindes über erlittene Drangsalierungen nicht ernst genommen werden. Oft spreche ich mit Eltern, nachdem ich mit deren Kindern längere Zeit gearbeitet habe. Die Kinder wünschen dann häufig, dass ich die Situation zu

Hause klären helfen soll. Dabei stelle ich häufig fest, dass die betreffenden Eltern überhaupt nicht wissen, was »da draußen« mit ihren Kindern passiert.

Maria hatte sich in dieser Zeit mehrfach wegen der Vorkommnisse in der Schule an ihre Eltern gewandt. Diese behandelten ihre Erzählungen als Alltäglichkeiten im Umgang zwischen Kindern. Sie sahen sich nicht veranlasst, etwas zu unternehmen. Vielmehr gaben sie Maria das Gefühl, als würde sie nur überempfindlich reagieren und all dem zu viel Bedeutung beimessen.

Die Erfahrung, gemobbt zu werden, löst Selbsthass aus.

Maria fühlte sich durch ihre Mitschülerin beleidigt und verletzt. Jene Mitschülerin und auch die anderen Mitschüler, die sich lustig machten, vermittelten ihr das Gefühl, unförmig und unbeholfen zu sein. Maria fühlte sich durch die ständigen Attacken auf ihre Person verunsichert. Sie verlor nach und nach das Vertrauen zu sich selbst und büßte mehr und mehr ihr ursprünglich vorhandenes Selbstbewusstsein im Umgang mit ihrem Körper ein. Und sie verlor ihre Fähigkeit zu träumen. Sie konnte sich nicht mehr fallen lassen, den Alltag und den Stress hinter sich lassen. War sie am Anfang noch einverstanden mit ihrer Figur und mit der Brille gewesen, so hasste sie am Ende beides.

Durch die Vorkommnisse in der Grundschule wurde Marias Selbstbewusstsein dauerhaft gestört. Zudem führten die ständigen psychischen Verletzungen dazu, dass es ihr in der weiteren Entwicklung schwer fallen sollte, zu sich selbst zu stehen. Neben den eigentlichen Verletzungen durch die Mitschülerin, die sie mobbte, musste Maria noch zwei erhebliche Enttäuschungen verarbeiten: Ihre Mitschüler, mit denen sie teilweise viel in der Freizeit unternahm, waren ihr keine große Hilfe bei der Auseinandersetzung mit der Mitschülerin. Maria hatte sich so oft gewünscht, dass einige der Kameradinnen offen zu ihr gehalten hätten. Das führte zu dem Gefühl der Isolierung innerhalb der Klasse. Und Maria kam damit zu dem Schluss, dass sie sich allein helfen und lernen musste, die Situation auszuhalten und zu überstehen. Beides fiel ihr schwer, da die psychischen Verletzungen durch die Mitschülerin sie an einem zentralen Punkt trafen: Ihre Person wurde ständig in Frage gestellt, und die Verunsicherung ihres Selbstwertgefühls setzte sich in ihrem Wesen fest.

Und natürlich war Maria maßlos enttäuscht vom Verhalten ihrer Eltern. Es ist ihr sicher nicht leicht gefallen, sich mit den Vorkommnissen in der Schule an sie zu wenden. Umso schwieriger war es für Maria zu verstehen, warum ihre Eltern sie so wenig unterstützen. Sie wollte doch Hilfe und keine schnellen, sie eher zusätzlich verletzenden Rückmeldungen.

Kinder brauchen Hilfe von ihren Eltern.

Maria hat in dieser Phase den Eindruck gewonnen, dass sie mit ihrem Äußeren selbst daran schuld ist, wenn sich die Mitschülerinnen über sie lustig machen. Denn genau das musste sie ja denken, nachdem sie von ihren Eltern die oben beschriebenen Reaktionen erfahren hatte. Die Eltern verstärkten damit noch Marias Erlebnisse auf negative Weise. Ihre Verunsicherung, ja ihre Unfähigkeit, zu ihrem Körper zu stehen, wurde noch schlimmer. Sie war durch dieses Zusammenspiel von Erfahrungen auf Dauer in ihrem Selbstbewusstsein erheblich beeinträchtigt.

Maria entwickelte am Ende der Grundschulzeit regelrecht Hassgefühle auf ihr Äußeres. Dass ihre Mitschüler oder die Schule die eigentlichen Verursacher waren, daran konnte sie gar nicht mehr glauben. Und bestätigt wurde ihre missliche Lage noch durch das Verhalten der Eltern. Maria kam daher auch zu dem Schluss, dass es keinen Sinn mehr haben konnte, sich weiterhin den Eltern anzuvertrauen. Die Kommunikation und das Vertrauen zwischen Maria und ihren Eltern war empfindlich und dauerhaft gestört. Mit allen Geschehnissen, ob nun in der Schule oder zu Hause, musste sie nach ihrer Einschätzung künftig alleine fertig werden.

Elterntipp

Fehler, wie sie Marias Eltern gemacht haben, brauchen Ihnen bei Ihrem Kind nicht zu passieren. Was Maria während der Grundschulzeit erlebte, ist mit Sicherheit kein Einzelfall. Viel zu oft werden verbale und körperliche Übergriffe zwischen Kindern in diesem Alter als »normal« abgetan, obwohl sie bei dem betroffenen Kind erhebliche psychische Verletzungen auslösen. Machen Sie auf keinen Fall diesen Fehler bei Ihrem Kind! Wenn es sich Ihnen anvertraut, dann geben Sie ihm das Gefühl, für seine Situation Verständnis aufzubringen. Denken Sie immer daran, dass Ihr Kind bei weitem nicht über so viel Erfahrung im Umgang mit Menschen verfügt wie Sie selbst. Vielmehr befindet sich Ihr Kind noch in der frühen Lernphase, was den verantwortungsvollen und selbstbewussten Umgang mit anderen Menschen angeht.

Berichten Sie Ihrem Kind über eigene Erfahrungen.

Ich mache häufig die Erfahrung, dass Mädchen und Jungen wenig wissen über die Lebensgeschichte ihrer Eltern. Dabei ist dies so wichtig, suchen sie doch nach Vorbildern und Orientierungshilfen. Ihr Kind empfindet solche Situationen zu Recht ganz anders als Sie. Erwarten Sie nicht, dass es Ihrem Kind so ergeht, wie es Ihnen selbst ergehen könnte. Fühlen Sie sich lieber in Situation und Gefühle Ihres Kindes ein. Schließlich kommt Ihr Kind in einer solchen Situation zu Ihnen, um Unterstützung für sich zu erhalten.

Wenn Sie als Eltern nun zu schnell die Feststellung treffen, dass »alles nicht so schlimm ist und von alleine vorbeigeht«, dann fühlt sich Ihr Kind allein gelassen. Die Situation, vor den Mitschülern bestehen zu müssen, ist schon schwierig genug. Doch mit einer falschen elterlichen Reaktion überlassen Sie Ihr Kind sich selbst.

Vertraut sich nun Ihr Kind mit konkret erlittenen Vorfällen Ihnen an, dann wissen Sie schon einmal, dass die Kommunikation zwischen Ihnen stimmt – eine wichtige Voraussetzung für Sie und Ihr Kind. Fragen Sie aktiv nach, welche Gefühle die Mitschüler mit ihrem Verhalten bei Ihrem Kind auslösen. Klären Sie mit Ihrem Kind auch die Hintergründe der psychischen Verletzungen. Wichtig ist es für Sie zu klären, warum sich Ihr Kind durch die Übergriffe der Mitschüler so verletzt fühlt. Wenn Sie Ihrem Kind gegenüber eine offene Haltung zum Ausdruck bringen, dann wird es sich äußern, wodurch und wie es sich selbst als »Auslöser« versteht. Haben Sie dies erfahren, können Sie mit Ihrem Kind auch klären, dass die Schuld an der Situation nicht bei ihm liegt, sondern dass die Mitschüler als Täter immer selbst die »Auslöser« sind. Dann können Sie mit Ihrem Kind besprechen, was es sich als Abhilfe zur Verbesserung der Situation wünscht. Dank Ihrer Offenheit und Ihres sensiblen Eingehens auf die Gefühle und Bedürfnisse Ihres Kindes wird es Ihnen möglich sein, die Situation differenzierter und kritischer zu betrachten.

Was also sollten die nächsten Schritte sein? Ein Gespräch mit Lehrern und auch mit den Eltern der mobbenden Mitschüler? Oder erst einmal gemeinsame Überlegungen mit Ihrem Kind,

welche Abwehrstrategien es selbst versuchen sollte? Vielleicht könnte es dem in der Regel feigen Mobber überraschend entschlossen entgegentreten? Offensive statt Defensive: die Mobber auf eigene Defizite hinweisen – Gegenspott sozusagen? Oder eine ultimative Aufforderung an die zuständigen Lehrer, für Abhilfe zu sorgen, andernfalls würden Sie Ihr Kind die Schule wechseln lassen? Lassen Sie sich dabei nicht einreden, dass Erlebnisse, wie Maria sie überstehen musste, zum normalen Alltag von Kindern dieses Alters gehören!

Ermutigen Sie Ihr Kind, dem Angreifer entschlossen entgegenzutreten.

Teilen Sie Ihrem Kind auf jeden Fall mit, was Sie zur Veränderung der Situation unternehmen werden oder getan haben. Ihr Kind spürt dann sehr genau, dass Sie als Eltern es ernst nehmen und dass es sich auch weiterhin an Sie wenden kann mit Problemen, Ängsten und Sorgen. Ihr Kind befindet sich gerade in der Grundschule in einer ganz wesentlichen Phase der Selbstfindung. Störungen durch Mitschüler oder auch durch Sie als Eltern können sich dauerhaft festsetzen. Wenn Sie immer offen sind für die Äußerungen Ihres Kindes, dann schützen und unterstützen Sie es wesentlich in Problemsituationen wie dem Mobbing in der Schule. Durch Ihr zuvor geschildertes elterliches Verhalten lernt Ihr Kind, zu sich als Person zu stehen. Und es verliert Selbstzweifel, da es zu der Erkenntnis gelangt, dass die anderen Mitschüler die Schuldigen sind. Ihr Kind wird das bedrückende Gefühl ablegen können, dass es selbst schuld sei an all dem, was ihm durch die Mitschüler in der Schule widerfährt. Sie als Eltern tragen durch Ihr überlegtes Handeln dazu bei, dass Ihr Kind dauerhaft in seinem Selbstbewusstsein und seinem Selbstwertgefühl gestärkt ist. Sie stärken Ihr Kind für den weiteren Lebensweg und schützen es somit auch vor Mobbing durch seine Mitschüler.

Marias Situation verschlimmerte sich

Sie erkennen an Marias Beispiel, wie entscheidend Ihre Möglichkeiten als Eltern sein können, Ihr Kind in seiner Persönlichkeitsentwicklung zu unterstützen. Marias Eltern dachten sich nichts weiter bei den Vorfällen, über die Maria ihnen berichtet hatte. Die letzten Ereignisse an der Grundschule waren ihnen noch dazu verborgen geblieben. So etwas braucht Ihnen nicht zu passieren. Wenn Sie beherzt Interesse für Situation, Gefühle und Probleme Ihres Kindes zeigen, dann führen Sie es auf einen gelungenen Lebensweg. Sie werden nicht – wie Marias Eltern – die Qualen des Kindes noch verfestigen. Diese hatten schon frühzeitig geplant, wie die weitere Schullaufbahn ihrer Tochter Maria aussehen sollte. Obwohl ihr Zeugnis am Ende der Grundschulzeit etwas schlechter war als zuvor, setzten sich die Eltern mit ihrer Meinung durch, dass Maria gut geeignet sei für den Besuch des Gymnasiums.

Maria konnte nicht beurteilen, ob sie diese Entscheidung gut oder schlecht finden sollte. Sie wusste nur, das eben jene Mitschülerin, welche sie über Jahre in der Grundschule gemobbt hatte, an die gleiche Schule wie sie wechseln würde. Das machte von Anfang an den Besuch des Gymnasiums nicht leichter für Maria.

In der neuen Klasse am Gymnasium befand sich dann auch die mobbende Mitschülerin aus der Grundschule. Maria war vom ersten Tag an sehr gehemmt im Unterricht und auf dem Pausenhof. Doch am Anfang ließ die besagte Mitschülerin sie in Ruhe. Diese war vielmehr damit beschäftigt, erst neue Freunde und Verbündete kennen zu lernen, um sich ein Publikum oder

 Fallbeispiel

eine Anhängerschaft aufzubauen. Doch im weiteren Verlauf der fünften Klasse begann diese Mitschülerin wieder mit den Hänseleien über Marias Brille und Figur. Wieder wurde Maria mit Schimpfwörtern wie »Brillenschlange«, »Klops« und »Kugel« belegt. Maria fühlte sich in ihren Selbstzweifeln bestätigt. Zudem hatte die Mitschülerin zwei Verbündete gefunden, sodass sie nun immer zu dritt gegen Maria losgingen. Die Beleidigungen wurden im Verlauf der nächsten beiden Schuljahre immer heftiger und häufiger.

Immer stärker wurde Maria durch die drei Mitschülerinnen von der Klasse isoliert, und wieder fühlte sie sich alleine gelassen. Zudem begannen die drei Täterinnen damit, Maria immer häufiger im Sportunterricht körperlich anzugehen. Beim Sportunterricht schubsten sie Maria oft, sie knufften sie, wenn sie bei ihnen stand. Und sie machten das so geschickt, dass die Lehrerin nichts davon mitbekam.

Für den Rest der Klasse war all das eine belustigende Auflockerung des Schulalltags. Maria erzählte zu Hause nur, dass die mobbende Mitschülerin aus der Grundschule ebenfalls in ihrer Klasse im Gymnasium sei. Aber ihre Eltern erkannten das Problem nicht, sondern stellten nur fest, dass es doch gut sei, wenn sie schon ein paar Mitschüler kenne. Daraufhin erzählte Maria nichts mehr über die weiteren Geschehnisse in der Schule.

Der Terror wandert oft von einer Schule zur nächsten mit.

Was Maria nach dem Wechsel auf die neue Schule erleben musste, ist nicht ungewöhnlich. Das Schulsystem führt häufig dazu, dass sich Schüler über lange Zeit hinweg während ihrer Schullaufbahn in gleichen Klassen wiederfinden. Umso schlimmer ist es dann, wenn es sich um Mitschüler handelt, vor denen ein Kind – wie hier Maria – Angst hat.

Sie verhielt sich zu Beginn still und unauffällig, weil sie glaubte, so weiteren Angriffen durch ihre Mitschülerin zu entgehen. Dabei gönnte diese ihr keine Schonfrist, sondern suchte sich lediglich ein paar Verbündete. Maria musste also die Erfahrung machen, dass die Pein noch weiterging. Sie war ja bereits verunsichert wegen ihrer äußeren Erscheinung, und nun verstärkten die Mitschülerinnen diese Verunsicherung abermals und aufs Neue. In Maria hatte sich die Einschätzung festgesetzt, dass sie selber der Auslöser für das Verhalten der Mitschülerinnen sein musste. Sie fühlte sich den Anfeindungen hilflos ausgeliefert. Von ihren Eltern konnte sie keine Hilfe und Unterstützung erwarten. Die Erfahrungen mit den Mitschülern blockierten Maria im Umgang mit Gleichaltrigen und Erwachsenen. Durch die auf diese Weise gestörte Kommunikation wurde es ihr im weiteren Schul- und Lebensverlauf sehr schwer gemacht, sich zu behaupten und Gefühle offen zu benennen.

Elterntipp

Der Wechsel auf die weiterführende Schule ist weder für Ihr Kind noch für Sie als Eltern leicht. In den meisten Fällen liegen die neuen Schulen nicht in der unmittelbaren Umgebung. Dadurch entfernen sich die Kinder räumlich weiter vom Elternhaus und nehmen somit auch schulische Geschehnisse und Probleme aus Ihrem näheren Blickfeld. Sie als Eltern müssen nun schon sehr aktiv nachfragen, was in der Schule so alles passiert, über welche Ereignisse zu berichten wäre und wo es möglicherweise Probleme gibt.

Fragen Sie Ihr Kind, wie sich der Kontakt mit den anderen Kindern so gestaltet, wo sich Schwierigkeiten im Umgang mit-

Zeigen Sie auch nach der Grundschulzeit aktiv Interesse am Alltag Ihres Kindes.

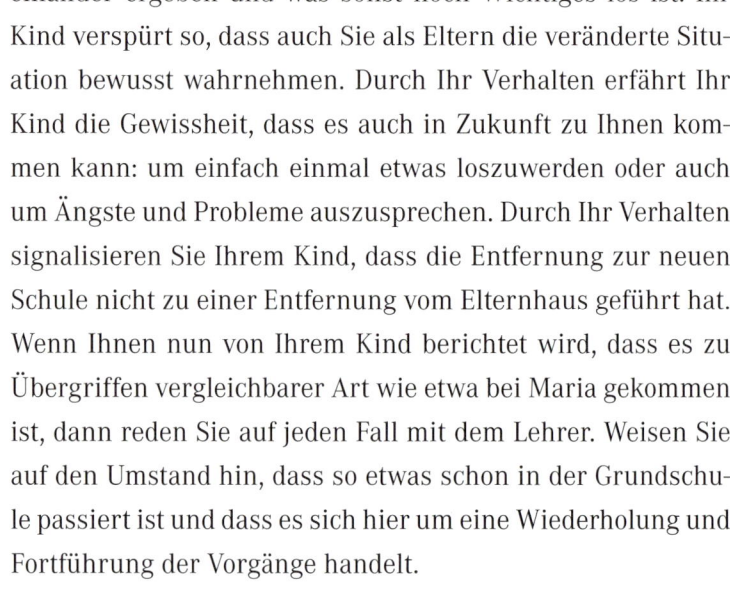

einander ergeben und was sonst noch Wichtiges los ist. Ihr Kind verspürt so, dass auch Sie als Eltern die veränderte Situation bewusst wahrnehmen. Durch Ihr Verhalten erfährt Ihr Kind die Gewissheit, dass es auch in Zukunft zu Ihnen kommen kann: um einfach einmal etwas loszuwerden oder auch um Ängste und Probleme auszusprechen. Durch Ihr Verhalten signalisieren Sie Ihrem Kind, dass die Entfernung zur neuen Schule nicht zu einer Entfernung vom Elternhaus geführt hat. Wenn Ihnen nun von Ihrem Kind berichtet wird, dass es zu Übergriffen vergleichbarer Art wie etwa bei Maria gekommen ist, dann reden Sie auf jeden Fall mit dem Lehrer. Weisen Sie auf den Umstand hin, dass so etwas schon in der Grundschule passiert ist und dass es sich hier um eine Wiederholung und Fortführung der Vorgänge handelt.

In einem Fall wie dem von Maria kann es sicher sinnvoll sein, sie in eine andere Klasse zu versetzen. Damit wäre Ihr Kind zumindest im Schulalltag auf der sicheren Seite. Ich erlebe häufig, wie sich Jugendliche durch den Schulalltag winden, weil sie zu Hause niemanden haben, der ihnen zuhört.

Geben Sie Ihrem Kind, falls es Mobbing-Attacken ausgesetzt sein sollte, immer zu verstehen, dass sein Äußeres keine Entschuldigung für das Verhalten der Mitschüler sein kann. Vielmehr müssen Sie Ihrem Kind verdeutlichen, dass Sie es so akzeptieren, wie es ist. Zeigen Sie ihm, dass es von Ihnen als Eltern geschätzt und respektiert wird. Vermitteln Sie Ihrem Kind das Verständnis, dass nicht es selbst Auslöser des Verhaltens mobbender Mitschüler ist, sondern die mangelnde Toleranz, Sensibilität und Intelligenz der Täter.

Lassen Sie sich in Gesprächen mit Lehrern und anderen Eltern nicht weismachen, Ihr Kind sei durch sein Äußeres mit-

Stellen Sie die Hintergründe für das Mobbing-Verhalten anderer klar und befreien Sie möglichst Ihr Kind vor Selbstanschuldigungen.

schuldig. Menschen im Allgemeinen und Kinder im Besonderen müssen lernen, was es bedeutet, anderen gegenüber
tolerant zu sein. Wenn also Mitschüler Ihr Kind in der Schule
mobben, dann zeigt dies deutlich, dass diese Kameraden weder über Toleranz noch über entsprechende soziale Kompetenz verfügen. Sie können durch solches bewusstes Verhalten
zudem dafür Sorge tragen, dass Ihr Kind mit einer natürlichen
Toleranz ausgestattet wird. Das schützt es mit davor, Opfer
oder auch Täter von Mobbing unter Schülern zu werden.

Die Lebensumstände von Maria wurden schwieriger

Maria musste nun die Erfahrung machen, sich überhaupt
nicht auf andere verlassen zu können. Auf der anderen Seite
wusste sie aber auch keine Möglichkeit, um sich selbst erfolgreich wehren zu können. Sie sah sich also auch weiterhin
ziemlich hilflos dem Mobbing der Mitschülerinnen ausgesetzt.

Ab der siebenten Klasse veränderte sich Maria in ihrem Äußeren. Sie entwickelte nicht nur weibliche Formen, sondern wurde
abermals ein wenig dicker und wirkte dadurch auf die mobbenden Mitschülerinnen noch unbeholfener. Zudem schlug sich der
durch das Mobbing geschaffene Stress in ihren Leistungen nie-
der. Maria wurde schulisch schlechter, weil sie von ihren Mitschülern immer häufiger verbal belästigt und gestört wurde. Sie
wusste in dieser Phase nicht mehr, wie sie sich eigentlich noch
»richtig« in der Klasse verhalten sollte. Vielmehr war es so, dass
ihr jegliches Selbstbewusstsein fehlte, um sich in der Klasse ge-

 **Fallbeispiel**

gen die Mitschüler zu behaupten. Und auch ihre Mitschüler, die sich nicht aktiv an den Vorfällen beteiligten, waren ihr keine Hilfe. Die verbalen Übergriffe durch die mobbenden Mitschülerinnen waren schon ebenso an der Tagesordnung wie das ständige Schubsen und Knuffen.

An der Situation von Maria hat sich also nichts Entscheidendes geändert. Oder doch? Es hat sich sehr wohl etwas getan. Sie ließ sich gehen, da sie kein gesundes positives Körperbewusstsein mehr verspürte. Dass sie dicker wurde, nahm sie einfach so hin – hatten ihr doch die Mitschülerinnen in der Vergangenheit klar zu verstehen gegeben, dass bei ihr sowieso alles vergebens sei. Und Maria hatte entsprechend verinnerlicht, dass alles egal sei – und zugleich der Anlass für Mobbing, Schikanen, Hänseleien. Für Maria wirkten sich all der Stress und die psychischen Belastungen nun auch auf ihre Schulleistungen aus. Sie war offensichtlich nicht mehr in der Lage, dem Unterricht so zu folgen, wie es nötig gewesen wäre. Vielmehr musste sie sehr viel Energie darauf verwenden, in der Klasse bestehen zu können. Ihre Eltern waren immer noch nicht auf die veränderte Situation aufmerksam geworden oder nahmen sie als immer noch nicht so dramatisch einfach hin.

Durch das beständige Mobbing fehlt Kindern oft die Kraft, um dem Unterricht konzentriert folgen zu können.

Elterntipp

Natürlich kann nicht jede Veränderung in Erscheinungsbild oder Leistungsfähigkeit Ihres Kindes auf Mobbing unter Schülern zurückgeführt werden. Umso wichtiger ist es für Sie als Eltern, genau zu hinterfragen, was die möglichen Gründe für die Veränderungen sein könnten. Fühlen Sie sich ein in die Situation Ihres Kindes in der Schule!

Fragen Sie nach, ob es zur Zeit Besonderheiten innerhalb der Klasse gibt. Nur wenn Sie Offenheit signalisieren, wird Ihr Kind überhaupt in der Lage sein, sich Ihnen anzuvertrauen. So erlebe ich es häufig, dass es genau dies ist, was Eltern im Umgang mit heranwachsenden Mädchen und Jungen fehlt. Gerade in diesem Alter befindet sich Ihr Kind grundsätzlich in einer spannenden Lebensphase. Die Auseinandersetzung mit seinem Körper und seinen eigenen Fähigkeiten, Interessen und Gefühlen beschäftigt es sehr. Maria war früher ein sehr gefühlvolles Mädchen. Diese Eigenschaft hat sie im Verlauf des Gemobbtwerdens weitgehend verloren. Die Auseinandersetzung mit mobbenden Mitschülern frisst unnötig Energie und beeinträchtigt ein Kind zunehmend bei der Bewältigung seiner entwicklungsbedingten Aufgaben. Ihr Kind braucht in dieser Phase seines Lebens immer Ihre Unterstützung, um die anstehenden Veränderungen bewältigen zu können, und es braucht den unverkrampften Umgang mit Gleichaltrigen, um sich mit ihnen auszutauschen, um zu vergleichen und seine eigene Persönlichkeit auszubilden.

Signalisieren Sie Offenheit – dann wird Ihr Kind sich Ihnen anvertrauen.

In der Schule musste Maria noch viel aushalten

Die kommenden drei Schuljahre sollten für Maria ausgesprochen schwierig und mit sehr vielen Verletzungen verbunden sein. Die Eltern hielten sich weitgehend zurück bei der Beschäftigung mit Marias Schulsituation. Sie werden im weiteren Verlauf dieses Fallbeispiels erfahren, wie sich das Mobbing durch Mitschüler noch auswirken kann und vor allem, dass es beim Mobbing durch die Mitschüler oft keine Grenzen gibt. Sie werden erkennen, dass es einen großen Unterschied darstellt, ob man sein Kind im Leben alleine lässt oder ob man es zum selbstständigen Handeln durch eigenes Vorbild befähigt. Maria hatte diese Unterstützung nicht – aber Sie können bei Ihrem Kind diese Fehler vermeiden.

Fallbeispiel Mit Eintritt in die achte Klasse verschärfte sich die Situation für Maria in der Schule. Die verbalen und auch körperlichen Angriffe durch ihre Mitschülerinnen häuften sich zunehmend. Körperlich wirkte sie fülliger, was ihre Mitschüler dazu veranlasste, sie als ihr »Klassendickerchen« zu bezeichnen. Sie ließen keine Gelegenheit aus, um Maria zu verstehen zu geben, dass sie dick und unansehnlich sei. Dabei war Maria gar nicht unverhältnismäßig dick. Die meisten anderen Mitschüler aber schlossen sich den Hänseleien und Beleidigungen an, lachten sie aus und zeigten auf sie. Maria war in dieser Zeit sehr häufig allein auf dem Pausenhof. Sie versuchte, sich in den Pausen vor dem Zugriff ihrer Mitschüler zu schützen.

Die passive Haltung der Mitschüler verstärkt das Gefühl, ausgestoßen zu sein.

Es war ihr kaum noch möglich, zu sich selbst zu stehen. Maria fühlte sich unansehnlich und ausgestoßen. Mit den meisten Schülern ihrer Klasse hatte sie kaum noch normalen Umgang. Nur einige wenige Mädchen und Jungen aus ihrer Klasse traf sie gelegentlich auch außerhalb der Schule. Doch diese wollten oder konnten sie in dieser Zeit nicht gegenüber den anderen Mitschülern unterstützen. Auch wusste sie selbst keinen Ausweg, wie sie sich gegen die ständigen Rempeleien wehren könnte. Wegen der ständigen Störungen war Maria nicht mehr in der Lage, sich dem Unterricht so zu widmen, wie es nötig gewesen wäre. Langsam und beständig sanken ihre Leistungen in den einzelnen

Fächern. Sie war ebenso wenig im Stande, sich wegen der andauernden Vorfälle an ihre Eltern zu wenden. Zwar hatte sie es nochmals zu Beginn der neunten Klasse versucht, doch war sie damit bei ihren Eltern nicht angekommen. Die Eltern führten die schlechter werdenden Noten auf den Niveauanstieg der Klassen zurück und machten sich weiterhin keine Sorgen.

Maria war also auch weiterhin dem Mobbing durch die Mitschülerinnen ausgeliefert. Und nicht nur die drei bekannten Täterinnen beteiligen sich aktiv an den Übergriffen, sondern auch vermehrt andere Mitschüler. Maria wurde durch die verbalen und körperlichen Angriffe in ihrer Persönlichkeit stark beschnitten. Sie konnte sich in der Schule nicht mehr frei entfalten und bewegen. Die Attacken führten zu einer massiven Einschüchterung, die sich tief in ihr festsetzte. Maria konnte sich nicht darauf konzentrieren, was in der Schule zu lernen und leisten wichtig war. Sie wurde psychisch und physisch terrorisiert und massiv in ihrer Entwicklung behindert. Dass sie einige Kilogramm zunahm, lässt sich eindeutig mit ihrem Kummer erklären. Und ihre übrigen Mitschülerinnen waren ihr keine Hilfe. Sie trafen sich teilweise zwar in der Freizeit mit ihr, doch in der Schule war niemand bereit, einmal Partei für sie zu ergreifen. Maria gelangte zu der Feststellung, dass »Freundschaft« wohl auch nur eine hohle Floskel sei. Denn was sollten denn Freunde wert sein, wenn sie sich nicht für einen einsetzten? Maria sah sich der Tatsache gegenüber, dass sie nicht nur ihre weitere körperliche und persönliche Entwicklung ohne Hilfe würde bewältigen müssen, sondern dass sie auch die Verletzungen durch ihre Mitschülerinnen alleine auszuhalten und zu verarbeiten hatte.

Oft schließen sich weitere Schüler den Mobbern an.

Elterntipp

Seien Sie Ihrem Kind in einer so schwierigen Zeit Freund, Freundin, Vertraute, die es in der Schule nicht hat. Vermitteln Sie Ihrem Kind, dass Freundschaft sehr wohl ein hohes Gut ist. Zeigen Sie ihm, dass wahre Freunde zusammenhalten!

Achten Sie auf Signale wie etwa die stetige Verschlechterung der Leistungen Ihres Kindes in der Schule. Sicher kann sie mit dem Ansteigen schulischer Anforderungen in den höheren Klassen zu tun haben. Doch muss man natürlich berücksichtigen, dass auch Ihr Kind sein Niveau steigern und mit den Schulanforderungen auch in seinen Leistungen wachsen kann. Sprechen Sie Ihr Kind gezielt und immer wieder darauf an, was seiner Meinung nach die sinkenden Leistungen verursachen könnte. Hören Sie aufmerksam zu und haken Sie nach, wenn Ihnen die Antwort etwas dünn und zu wenig greifbar vorkommt. Wird es im Unterricht abgelenkt oder gestört? Drehen sich seine Gedanken fortwährend darum, was ihm andere Schüler wieder antun könnten? Traut es sich nicht, bei Unklarheiten nachzufragen? Wenn Sie so weit mit Ihrem Kind die Ursachen erforschen, dann können Sie mit ihm auch die nächsten Schritte absprechen. Entscheiden Sie auf keinen Fall das weitere Vorgehen ohne die Zustimmung Ihres Kindes.

In diesem Alter ist es entwicklungsbedingt typisch, dass sich ein Kind vom Elternhaus abnabeln und abgrenzen will. Es will selbständig sein und eigenständig entscheiden und handeln. Wenn Sie Ihr weiteres Handeln ganz allein entscheiden, dann werden Sie das Vertrauen Ihres Kindes verlieren. Es wird sich nach einem solchen Vorgehen sicherlich nicht noch einmal Ihnen gegenüber über sein Schulproblem oder gar andere persönliche Probleme äußern.

Kinder brauchen immer das Vertrauen ihrer Eltern, auch wenn sie sich bereits in einer Abnabelungsphase befinden.

Nicht von ungefähr erlebe ich es oft in meiner Arbeit, dass Mädchen und Jungen mir ihre alltäglichen, kleinen und großen Probleme anvertrauen, aber mit ihren Eltern nicht darüber sprechen können, weil sie entweder kein Verständnis erwarten oder ein Zuviel an Einmischung befürchten.

Sie sollten im Einvernehmen mit Ihrer Tochter oder Ihrem Sohn auf jeden Fall auch mit den wichtigsten Lehrern sprechen. Es ist hilfreich, deren Einschätzung der Situation zu erfahren. Sollten die Lehrer gar nichts von der Situation mitbekommen haben – was jedoch unwahrscheinlich ist –, dann werden sie wenigstens jetzt wachgerüttelt. Sicher wird es mehrerer Anläufe bedürfen, bis Sie von den angesprochenen Lehrern wirklich detaillierte Auskünfte erhalten. Sprechen Sie nach Möglichkeit mit den betreffenden Lehrern das weitere Vorgehen ab. Vereinbaren Sie möglichst verbindlich mit dem Lehrer, wie er mit solchen Situationen in Zukunft umgeht.

Sprechen Sie auch mit den Lehrern Ihres Kindes.

Berücksichtigen Sie bei diesem Vorgehen aber immer, dass sich Ihr Kind durch das Einschalten des Lehrers nicht zusätzlich gedemütigt fühlen darf. Es ist dabei auch ganz wichtig, dass der Lehrer sehr behutsam gegen die Vorkommnisse vorgeht. Er darf den anderen Schülern nicht den Eindruck vermitteln, dass Ihr Kind die Mobber verpfiffen hat und nun eine »Sonderbehandlung« genießt. Weisen Sie in Ihren Gesprächen mit Lehrern möglichst oft auf diese Zusammenhänge hin.

Sie unterstützen Ihr Kind zusätzlich besonders gut in einer solchen Situation, wenn Sie ihm Alternativen zur bisherigen Freizeitgestaltung anbieten. Schaffen Sie es, dass Ihr Kind sich in Gesellschaft neuer, anderer Gleichaltriger befindet, dann kann es ein neues Gefühl für Freundschaft und Umgang unter Altersgenossen bekommen.

Schaffen Sie neue Freizeitangebote.

Eskalation der Peinigung und Brüche im Leben

Mobbing in der Schule stört und zerstört die Beziehung zwischen Eltern und Kindern.

Maria sollte noch bis zum Ende der zehnten Klasse dem Mobbing ihrer Mitschüler ausgesetzt sein. Dabei kam es zu einem zentralen Vorfall, der gleich zu mehreren Brüchen führte: sowohl mit der Schule als auch mit den Eltern. So weit werden Sie es bei sich und Ihrem Kind sicher nicht kommen lassen.

Fallbeispiel

Maria sah sich auch weiterhin den verbalen und körperlichen Angriffen durch ihre Mitschülerinnen ausgesetzt. Sie hatte sich fast schon damit abgefunden und erduldete mehr oder minder abgekapselt und freudlos die gegebene Situation – bis in der zehnten Klasse ein Ereignis alles Dagewesene in den Schatten stellen sollte. Maria hatte in der Zwischenzeit unübersehbar weibliche Formen angenommen. Ihr Busen war für ihr Alter sehr ausgeprägt und damit auch wieder Anlass für Beleidigungen.
Der alles verändernde Vorfall ereignete sich dann nach einer Sportstunde. Während Maria beim Duschen war, ließ ihre Mitschülerin ihre Kleidung verschwinden – genauer: Sie deponierte sie in der Mitte der Turnhalle. Maria fand ihre Sachen nach dem Duschen erst gar nicht, bis eine andere Mitschülerin ihr von dem Streich erzählte. Maria schlich sich also – nur mit einem Handtuch bekleidet – in die Turnhalle, um ihre Kleidung zu holen. Als sie mitten in der Turnhalle war, tauchten plötzlich die Mitschüler auf, die sie schon in den vergangenen Jahren immer gemobbt hatten. Sie beschimpften sie und schubsten sie hin und her, bis plötzlich einer Maria das Handtuch herunterriss.
Maria stand völlig unbekleidet in der Halle, und die in der Zwischenzeit wieder vollzählig in der Turnhalle erschienen Mit-

schüler der Klasse lachten sie aus. Maria weinte und stürzte sich auf ihre Kleidung. Zwei Mitschülerinnen halfen ihr endlich auf, schützten sie so gut wie möglich vor den Blicken der anderen und begleiteten sie in die Umkleideräume.

Kinder werden oft auf krasse Weise körperlich bloßgestellt.

Ein Lehrer erfuhr von dem Vorfall und brachte Maria nach Hause. Zu Hause fing Maria vor ihren Eltern an zu weinen. Sie war völlig verstört und beschämt. Die Eltern versuchten, sie zu beruhigen, und versprachen ihr, sich mit dem Rektor in Verbindung zu setzen. Zu ihrer Überraschung mussten sie dabei erfahren, dass eine der beteiligten Mitschülerinnen das Mädchen aus der Grundschule war.

Was Maria hier erlebte, war wirklich eine extreme und grausame Situation – ein Einzelfall ist es dennoch nicht. Mir sind aus der pädagogischen Praxis zahlreiche vergleichbare Vorkommnisse bekannt. Meist ist es aber so, dass solche herzlosen Streiche den Lehrern und Eltern gar nicht zur Kenntnis gelangen. Maria wurde auf jeden Fall in ihrer Persönlichkeit zutiefst verletzt. Sie hat diese Situation bis heute nicht aus ihren Gedanken verscheuchen können. In Marias damaligem Alter kann eine solche Tat zu starken psychischen Folgen führen. Die Erniedrigung vor den anderen Mitschülern bedeutet für sie buchstäblich eine Entblößung – die Entblößung eine Erniedrigung.

Da Maria infolge der bisherigen Erlebnisse in ihrer Schulzeit sowieso sehr wenig Selbstwertgefühl im Umgang mit ihrer Figur hatte, traf dieser Angriff sie umso härter. Sie war zutiefst beschämt und enttäuscht von ihren lachend zuschauenden Mitschülern, die das Ganze offenbar unheimlich lustig fanden. Maria zog für sich die Erkenntnis, dass sie es nicht mehr lange an dieser Schule aushalten würde. Die Eltern waren durch die aktuelle Situation völlig überrumpelt und mussten erstmals erkennen, dass sie in früheren Jahren die Berichte Marias zu Unrecht bagatellisiert hatten. Jetzt erst begriffen sie, dass sie die eingetretene Situation ernst nehmen mussten.

Elterntipp

Wenn Sie von solch einem Vorfall überrascht werden, dann ist

Nur keine voreiligen Entscheidungen! Die Vorfälle müssen erst aufgearbeitet werden.

es sicher sehr schwer, überlegt und ruhig zu handeln. Im Vordergrund steht zunächst die Notwendigkeit, Ihr Kind zu beruhigen und ihm zu helfen, mit der Zeit sein Selbstwertge-fühl wieder zu steigern. Das wird nach einem solchen Ereignis sicher lange Zeit in Anspruch nehmen. Sie müssen sehr be-hutsam und langsam mit Ihrem Kind die Geschehnisse und Gefühle aufarbeiten und klären. Erst nach einer Weile werden sowohl Sie wie auch Ihr Kind in der Lage sein, über Konse-quenzen nachzudenken.

Auf jeden Fall sollten Sie mit Lehrern darüber sprechen, ob und wie sich die Rahmenbedingungen für Ihr Kind in der Schule positiv verändern lassen. Ihr Kind muss nach Möglich-keit die Klasse oder gar die Schule wechseln können. Zudem sollten Sie als Eltern darauf bestehen, dass Lehrer ein Ge-spräch mit den mobbenden Schülern und deren Eltern führen, und Sie sollten bei dem Gespräch auch dabei sein.

Keinesfalls aber sollten Sie sich in spontaner Eigenaktion die Mitschüler oder -schülerinnen »vorknöpfen«, die Ihrem Kind etwas angetan haben. Denn damit würden Sie noch mehr Por-zellan zerschlagen. Außerdem – Sie sind nicht die Erziehungs-berechtigten der Missetäter! Sie dürfen aber den Mitschülern und deren Eltern in einem gemeinsamen Gespräch ruhig ein paar passende Worte unterbreiten, um ihnen verständlich zu machen, wie Sie und Ihr Kind sich in der Situation fühlen.

Nach etwas Abstand von dem aktuellen Vorfall signalisieren Sie Ihrem Kind am besten, dass Sie für eine weitere Klärung der Situation und Erlebnisse bereit sind. Möglicherweise können Sie unbeabsichtigte frühere Versäumnisse noch positiv korrigieren. Und Sie helfen Ihrem Kind, sich in Zukunft wieder seinen altersgemäßen Entwicklungsaufgaben zuzuwenden. In vielen vergleichbaren Fällen bin ich bei Jugendlichen, die ich betreue, mit dem Aufarbeiten solcher Erlebnisse erst und noch sehr viele Jahre nach dem Zeitpunkt des Geschehens beschäftigt.

Oft dauert es Jahre, traumatische Erlebnisse aufzuarbeiten.

 Fallbeispiel

Nach dem geschilderten Vorfall konnte Maria die Schule kaum noch aushalten. Auf eigene Faust entschloss sie sich, nach der zehnten Klasse eine Berufsausbildung aufzunehmen. Sie suchte sich einen Ausbildungsplatz und stellte ihre Eltern vor vollendete Tatsachen. Diese fanden keine Argumente, um Maria zum Bleiben an der Schule zu bewegen.

Maria absolvierte ihre Ausbildung mit sehr gutem Erfolg. Sie hatte in der Berufsschule keine Probleme mit den Mitschülern, nahm einige Kilogramm ab und wurde etwas selbstsicherer in ihrem Auftreten. Mit einem der Jungen aus ihrem Betrieb freundete sie sich an, und dieser wurde zunächst ihr fester Freund. Mit ihren Eltern hatte sie in dieser Zeit wenig Kontakt und gedanklichen Austausch. Bedingt durch die Erfahrungen mit ihrer Ausbildung und das Erlebnis der Freundschaft gewann sie die Erkenntnis, dass eine gewisse Entfernung zu ihren Eltern ihr gut tun würde. So fand sie den Übergang in ihre derzeitige Lebenssituation und die Partnerschaft mit einem älteren Freund.

*Die Auseinander-
setzung mit den
Eltern ist wichtig
für die Entwicklung
der Persönlichkeit.*

Maria setzte aus gutem Grund durch, dass sie nicht mehr an der Schule blieb. Ihre Eltern hatten dem nichts entgegenzuhalten. Sie wollten sich auch in dieser Situation nicht besonders intensiv mit ihrer Tochter befassen. Diesen Fehler dürfen Sie aber zu keiner Zeit bei Ihren Kindern machen. Ihr Kind benötigt diese Auseinandersetzung mit Ihnen als Eltern ebenso zur Persönlichkeitsentwicklung wie Regeln und Freiheiten. Nur die gesunde Mischung aus all diesen Faktoren hilft Ihrem Kind bei seiner Entwicklung.

Sie brauchen sich dann auch sicher nicht vor einem solchen Bruch fürchten, wie ihn Maria mit ihren Eltern herbeigeführt hat. Sie sah sich zu diesem Schritt veranlasst, weil sie sich während der Jahre in der Schule von ihren Eltern allein gelassen gefühlt hatte. Für Maria ist dieser Bruch mit den Eltern Ausdruck dafür, dass sie nun die Hilfe der Eltern nicht mehr erwartet oder gar braucht. So schlimm dies für die Eltern auch sein mag, für Maria ist es ein guter Schritt nach vorne auf dem Weg zu einem gesunden Selbstbewusstsein und Selbstwertgefühl.

Diesen Weg wird Maria gewiss noch eine ganze Weile gehen müssen, auch nach den positiven Erfahrungen während ihrer Ausbildung. Aber sie hat die richtige Richtung eingeschlagen und erleben dürfen, dass sie keine Außenseiterin ist.

Das Fallbeispiel von Maria hat gezeigt, wie vielschichtig und bedeutsam die Folgen von Mobbing unter Schülern sind. Nachfolgend skizziere ich Ihnen einen dieser zentralen Faktoren nochmals kurz. Dabei sollen einerseits die Reichweite negativer Beeinflussung durch Mobbing verdeutlicht und andererseits Ihre Möglichkeiten des Eingreifens zum Wohle Ihres Kindes herausgestellt werden.

Anhaltende Störung der Kommunikationsfähigkeit

Die Kommunikation mit gleichaltrigen Mädchen und Jungen ist für das Opfer nicht mehr unbeschwert und ungehindert möglich. Die mobbenden Mitschüler fallen als Gesprächspartner ohnedies völlig aus, und bei den anderen Mitschülern kommt es darauf an, ob sie sich als Mitläufer oder Publikum von der Tätern einspannen lassen. Viele Opfer von Schüler-Mobbing sind zudem so blockiert, dass sie häufig nicht mehr frei mit Erwachsenen kommunizieren können. In der Schule haben sie allenfalls den Lehrer als Erwachsenen vor sich, also eine Person, der man nicht unbedingt private Belange anvertraut. Und in ihrer Freizeit sind dies meist die Eltern, die alleine aber auch nicht die notwendige Kommunikation abdecken können. Wenn das Kind bereits unter dem Mobbing durch seine Mitschüler leidet, dann schämt es sich möglicherweise. Es kann sich nicht den Eltern anvertrauen, weil deren Hoffnungen vielleicht enttäuscht würden. Durch alle diese Umstände im Zusammenhang mit dem Mobbing unter Schülern kann es zu anhalten Störungen kommen. Mindern und verhindern können Sie solche Störungen nur, wenn Sie mit Ihrem Kind in jeder Entwicklungsphase reden und sich gesprächsbereit zeigen.

Toms beschwerlicher Weg vom Opfer zum Täter

Toms beschwerlicher Weg vom Opfer zum Täter

Tom gelang es auch, aus eigener Kraft seine Situation als Mobbing-Opfer zu sprengen. Er schaffte es sogar, die Mechanismen zu erproben, die seine Peiniger in die Rolle der Gemobbten drängten.

Wie Tom zur Zeit sein Leben gestaltet

Wie bei Maria sollen Sie am Anfang dieses Fallbeispiels erfahren, wie Tom zur Zeit sein Leben gestaltet. Im Anschluss daran werden Sie sich wieder in die einzelnen Lebensstationen von Tom einfühlen. Bedeutende außerschulische Geschehnisse werden nur kurz und im notwendigen Umfang beschrieben. Bei Tom handelt es sich um ein spezielles Fallbeispiel: Tom hat aus den Erfahrungen als Opfer von Mobbing durch seine Mitschüler die Konsequenz gezogen, sich von einem selbst gewählten Zeitpunkt an als Mobbing-Täter gegenüber seinen Mitschülern zu »schützen«.

Fallbeispiel Tom ist Ende zwanzig und lebt zur Zeit in einer süddeutschen Großstadt. Er ist von großer, schlanker und sportlicher Statur, hat kurze Haare und trägt immer ein Lächeln im Gesicht. Nach einer recht bewegten Schul- und Ausbildungsgeschichte ist er heute in einer sozialen Einrichtung als Sozialarbeiter tätig. Aufgewachsen ist Tom allerdings bis zum Alter von 22 Jahren in

einem kleinen Ort in der Schweiz. Danach kam er in die Großstadt im Süden Deutschlands, um dort sein Studium der Sozialarbeit zu absolvieren und zu arbeiten. Zu seinen Eltern hat Tom
inzwischen wieder ein sehr gutes Verhältnis. Seine derzeitige
berufliche Tätigkeit bereitet ihm viel Spaß, und er fühlt sich ausgesprochen wohl in seiner neuen Heimat. Zur Zeit lebt Tom allein, nachdem er schon mehrere längere Beziehungen mit etwa
gleichaltrigen Frauen hatte. In seinem Auftreten wirkt er trotz
seiner Fröhlichkeit häufig auch etwas ernst. Seine Stimmungen
und Probleme scheint er hinter der lächelnden Fassade vor seinen Mitmenschen zu verstecken. Ansonsten ist er im Auftreten
sehr selbstbewusst, er weiß, was er will und stellt sich gut auf
aktuelle Situationen ein. Tom selbst schildert seine Verfassung
als »Spiegel seiner Verletzungen«, die ihm während der Jahre
der Schulzeit zugefügt wurden. Er hat sich aktiv mit dem Umstand auseinandergesetzt, dass er selbst auch einige Zeit andere Mitschüler aktiv gemobbt hat, um so von sich abzulenken und
sich zu schützen. In seiner jetzigen Tätigkeit geht Tom souverän,
überlegt und mit viel Engagement und Teamgeist zu Werke.

Das Trauma des Gemobbtwerdens bleibt den Betroffenen lange gegenwärtig.

Für Sie als Eltern wird Toms Geschichte fast ein wenig zwie-
spältig wirken. Er ist Opfer und Täter zu gleich, wirkt heute
nach außen sehr selbstbewusst und kollegial, und er hat sein
früheres schulisches Leben aktiv aufgearbeitet. Wie es im Einzelnen dazu gekommen ist, dass Tom seine Rollen mehrfach
wechselte, wird ihm im Verlaufe dieses Fallbeispiels deutlich
werden.

Doch was können wir sonst noch ablesen aus seiner aktuellen
Lebenssituation? Dieses Fallbeispiel bestätigt meine Erfahrungen im Umgang mit Opfern und Tätern von Mobbing sehr

*Selbstbewusstes Auf-
treten kaschiert die
früheren Erfahrungen.*

deutlich. Nur wenn aktiv an der Aufbereitung und Klärung gearbeitet wird, gewinnen die Betroffenen eine »normale« Per-
spektive für ihr weiteres Leben. Tom gibt sich selbstbewusst
und souverän in seinem Auftreten und überdeckt damit Erfahrungen aus früheren Zeiten. Das ist eine sehr typische
Verhaltensweise für Menschen, die in ihrem Leben eine Vielzahl von Verletzungen erleben mussten. Tom verhält sich so,
um seinen jetzigen Lebensanforderungen gerecht zu werden
und um gleichzeitig nach außen nicht mehr verletzbar zu sein.
Dass er schnell und unkompliziert Kontakt mit anderen Menschen aufnimmt und sich in aktuelle Situationen einfühlt,
heißt nicht, dass er sich schnell auf eine freundschaftliche Be-
ziehungsebene begibt. Durch seine offene, lockere Art schafft
er es vielmehr, seine Defizite in diesem Bereich geschickt zu
verstecken. Als Eltern sind Sie natürlich mit Recht daran inte-
ressiert, dass Ihr Kind dazu befähigt wird, freundschaftliche
Verbindungen aufzunehmen und zu erhalten. Das kann Tom
auch, doch braucht er eine lange Vorlaufzeit, um wirkliches
Vertrauen aufzubauen. Daher stört es ihn auch nicht besonders,
dass er zur Zeit alleine lebt. Im Laufe seiner Entwicklung und
den damit einhergehenden Erfahrungen durch Mobbing unter
Schülern baute er sich für sein heutiges Leben ein »gesundes«
Misstrauen auf – eine schützende Vorsichtshaltung.

Wenn Ihr Kind eine normale Entwicklung durchläuft, dann
wird es sich auch ein natürliches Maß an Misstrauen zulegen.
Das ist in der Regel ein nützlicher Schutzmechanismus und
als solcher Bestandteil der Persönlichkeitsbildung. Blauäugig-
keit und Vertrauensseligkeit machen verwundbar. Das wird
Ihr Kind im Umgang mit anderen bereits erfahren haben. Natürlich soll das nicht ins Extrem gehen. Aber kein Misstrauen

im Umgang mit Menschen zu haben kann für Ihr Kind ebenso nachteilig sein wie zu viel Misstrauen an den Tag zu legen. Tom konnte sich offensichtlich ein richtiges Maß an Misstrauen bewahren. Er setzt es durch sein Verhalten unauffällig, doch ausgesprochen wirksam ein. Um in seinem Lebensalltag unbefangener auftreten zu können, ist er wohl auch umgezogen.

Am Anfang war alles fast harmlos

Und nun werden Sie erstaunt sein, wie unauffällig bei Tom das Mobbing durch seine Mitschüler begann und was sich daraus entwickeln konnte.

Auch Tom besuchte eine Grundschule gleich in der Nähe seines Elternhauses. Er hatte kaum drei Minuten zu gehen. Alle Mitschüler kamen aus seiner und aus den angrenzenden Straßen. Mit einigen seiner Mitschüler hatte er zuvor schon ein Jahr lang den Kindergarten auf der anderen Straßenseite gegenüber dem Elternhaus besucht. Er war gespannt auf das, was ihn in der Schule erwarten würde. Seine Eltern hatten nicht sehr viel Zeit, sich um Tom zu kümmern. Sie arbeiteten beide in ihrem Geschäft, und so blieb ihnen in der Regel nur am Sonntag Zeit für das Familienleben mit Ausflügen, Sport und Spiel.

 Fallbeispiel

Tom war ein unauffälliges Kind mit blonden Locken und von normaler Statur. Er war im Alltag in der Schule ebenso wie in der Freizeit weitgehend auf sich allein gestellt. In den ersten drei Schuljahren verlief sein Schulalltag ohne irgendwelche Komplikationen. Erst mit dem Eintritt in die vierte Klasse änderte sich etwas: Tom nahm an Gewicht zu, vielleicht weil er sich selbst überlassen war und unkontrolliert essen konnte; er wurde dicklicher und in seinen Aktionen behäbiger. Zwei Mitschüler aus seiner Straße begannen ihn im Unterricht wegen seiner Gewichtszunahme zu hänseln. Er wurde mit »Dicki« und »Kloß« betitelt und fühlte sich beleidigt und verletzt. Zu Hause erzählte Tom nichts von den Vorkommnissen. Allerdings waren bis dahin Erlebnisse in der Schule eigentlich nie ein Thema zwischen ihm und den Eltern gewesen.

Tom war durch sein Elternhaus recht früh geprägt. Die Berufstätigkeit der Eltern zwang ihn, sich mit seinem Lebensalltag alleine zu beschäftigen. Er war es gewohnt, dass niemand nach ihm schaute. Daher erschien es ihm auch nicht sinnvoll zu sein, den Eltern die Geschehnisse in der Schule zu berichten. Tom ist auf dem Land aufgewachsen und zu einer Zeit, in der die Entwicklungsaufgaben noch überschaubarer waren für Mädchen und Jungen. Und auch die Gegebenheiten im Lebensumfeld waren für Tom im Alter von sechs Jahren ganz andere, als sie heute einem Sechsjährigen begegnen.

In meiner sozialpädagogischen Arbeit kann ich diese Erfahrung immer wieder aufs Neue machen. Ich beobachte, wie die Mädchen und Jungen immer differenziertere Gegebenheiten vorfinden. Tom ist hingegen in einer sehr überschaubaren Situation aufgewachsen. Er war es von frühester Kindheit gewohnt, auf sich gestellt zu sein und nicht ständig nach Unterstützung seiner Eltern zu suchen. Seine Eltern konnten Tom nur deshalb so früh zur Eigenverantwortlichkeit erziehen, weil auch die Rahmenbedingungen im Lebensumfeld dies zuließen. Diese können Sie so heute sicherlich nicht mehr bei Ihrem Kind voraussetzen.

Um Toms Situation realistisch einzuschätzen, ist es für Sie notwendig, sich diese Tatsachen zu vergegenwärtigen. In den ersten drei Jahren an der Grundschule verlebte Tom eine recht unbeschwerte Zeit. Erst als sich sein Körper ernährungs- und entwicklungsbedingt zu verändern begann, nahmen seine Mitschüler dies zum Anlass, ihn zu hänseln. Tom hatte natürlich schon selbst die körperliche Veränderung wahrgenommen und begonnen, darunter zu leiden. Die mobbenden Mitschüler verstärkten die Gefühle noch, und Tom fühlte sich unansehnlich und hässlich. Seine weitere Schulzeit sollte diese ersten Erfahrungen weiter vertiefen.

Am Ende der vierten Klasse nahm das Mobbing noch zu. Es war nun nicht mehr nur verbaler Natur, sondern Tom wurde von seinen beiden Mitschülern im Sportunterricht geschubst und verstärkt gehänselt. Die beiden zogen ständig an seinem T-Shirt, damit sein gewölbter Bauch sichtbar wurde, oder zogen ihm die Sporthose herunter, damit sein dicker Po für alle zu sehen war. Tom fühlte sich extrem verunsichert und fand keine Möglichkeit, sich gegen die Übergriffe zu wehren. Eine Mitschülerin, seine beste Freundin, versuchte vergeblich, ihm zu helfen. Während sie sich für Tom stark machte, lachten die anderen Mitschüler ihn nur aus.

 Fallbeispiel

Auch ein Schulwechsel erlöst Kinder häufig nicht von ihren Peinigern.

Mit dem Wechsel an das Gymnasium sollte sich an der Situaton nichts Entscheidendes verändern. Tom musste täglich mit dem Bus in die benachbarte Stadt fahren. Seine beiden Peiniger aus der Grundschule besuchten ebenfalls das Gymnasium. Einer von den beiden war auch in Toms Klasse und setzte die verbalen und körperlichen Angriffe auf Tom fort. Seine Eltern merkten von den Geschehnissen nichts. Tom war bis dahin immer ein ganz guter Schüler gewesen: nicht überdurchschnittlich in seinen Leistungen, aber auch nicht besonders schlecht. Seine guten Noten fielen ihm zu, ohne dass er sich anstrengen musste. Er zeigte kein großes Interesse, in der Schule der Beste zu sein, und seine Eltern dachten sich nichts weiter dabei, war es doch für sie schon erfreulich genug, dass ihr Sohn das Gymnasium besuchen konnte. Damit hatten sie nie gerechnet gehabt.

Ob gute oder schlechte Noten – über die Schule und das soziale Klima sagen sie nicht viel aus.

Tom ging trotz aller Schwierigkeiten, die ihm seine Mitschüler bereiteten, seinen Weg. Er besuchte weiter das Gymnasium und kam mit seinen Noten recht gut über die Runden. Doch die ständigen Beleidigungen und psychischen Verletzungen, welche er durch das Mobbing seiner Mitschüler erleiden musste, beeinflussten seine weitere Entwicklung. Dass seine Eltern sich nicht um ihn sorgten, war in Ordnung für ihn, konnte er sich doch an keinen anderen Zustand erinnern. Die Eltern glaubten auch, Tom damit schon frühzeitig auf das spätere Leben vorzubereiten. Seine Eltern waren streng und sehr deutlich in ihren Anweisungen. Diskussionen über familiäre Entscheidungen wurden nicht geduldet. Und darüber hinaus wurde Tom sich selbst überlassen; er lernte von frühester Kindheit an, dass er auf sich selber gestellt war und für seine Handlungen gerade stehen musste. Das lebten ihm seine Eltern mit ihrem erzieherischen Stil vor.

Für Tom war diese Phase seines Lebens sehr schwierig. Auf der einen Seite musste er aushalten, was seine Mitschüler ihm an Beleidigungen und Verletzungen antaten, ohne dass er eine Idee hatte, wie er das Problem lösen könnte. Zum anderen war da die Tatsache, dass er im Auftrag der Eltern zu sich selbst stehen und eigene Verantwortung tragen musste. Tom hatte einen wahren Spagat zu bewältigen. Seine Eltern glaubten sich auf der sicheren Seite, hatten sie ihren Sohn doch mit umfangreicher »Selbstverantwortlichkeit« ausgestattet.

Elterntipp

Wie Sie am Beispiel von Tom sehen, sollten Sie Ihr Kind mit seiner Eigenständigkeit nicht zu schnell überfordern und sich selbst überlassen. Natürlich müssen Sie Ihr Kind stärken und ihm Möglichkeiten an die Hand geben, sich früh auf eigene Beine zu stellen. Doch machen Sie bitte nie den gleichen Fehler wie Toms Eltern: Bis zu einem Alter von zwölf Jahren braucht Ihr Kind neben ständigen Anreizen, eigene Entscheidungen zu treffen, auch immer die Rücksprache mit Ihnen. Und nur, wenn Sie immer wieder aktiv bei Ihrem Kind nachfragen, werden Sie erfahren können, wie es ihm geht und ob alles in Ordnung ist.

Erziehung der Eigenständigkeit – aber in ständigem Zwiegespräch zwischen Eltern und Kind.

Sicher – das hört sich leichter an, als es ist: immer nachzufragen. Von Ihnen als Eltern erfordert das hohe Kompetenz im Umgang mit Ihrem Kind. Aber wenn es zwischen Ihnen und Ihrem Kind von früh an einen lebendigen, unverkrampften Austausch im Gespräch gibt, wenn beide Seiten stets offen füreinander sind und wenn Ihr Kind weiß, dass Sie mit ihm denken und fühlen und ihm jederzeit Hilfe anbieten, dann empfindet es Ihre Fragen auch nicht als peinliches Verhör, als neugieriges Ausfragen, als Gefahr, sich zu verraten und vielleicht Vorhaltungen zu bekommen.

Wenn Sie Ihrem Kind also maßvoll und ohne übertriebene Hast beibringen, dass es Regeln genauso geben muss wie Freiheiten, dass Selbstständigkeit genauso richtig und wichtig ist wie Unterstützung durch die Eltern, dann kann es sich vor

Mobbing durch Mitschüler besser schützen. Und sollte es doch so weit kommen, dann verfügt es über von Ihnen erlernte Fähigkeiten, um die Situation zu klären. Da ich immer wieder feststellen muss, dass die Jugendlichen heute zu wenig echte Unterstützung durch das Elternhaus erhalten, wiederhole ich diesen Appell im Verlauf dieses Buches immer wieder.

Ihr Kind braucht beides: Eigenständigkeit und Ihre Unterstützung.

Bald musste Tom üblere Erfahrungen machen

Die bisherigen Erlebnisse des Gemobbtwerdens waren für Tom leider erst der Anfang gewesen. Es blieb ihm nicht erspart, während seines weiteren Schulbesuches physisch und psychisch noch eine ganze Menge mehr einstecken zu müssen. Er sollte die Erfahrung machen, dass die Beseitigung des oberflächlichen Auslösers für sein Problem nicht zu einer Verbesserung seiner Situation führte.

Fallbeispiel ▶ In den kommenden drei Jahren wurde Tom ständig von seinen Mitschülern gemobbt. Zuerst verschärften und häuften sich die verbalen und körperlichen Übergriffe gegen ihn. Immer häufiger wurde er ganz offen auf dem Schulhof von seinen Peinigern angegangen. Tom fühlte sich durch das Mobbing seiner Mitschüler zutiefst verunsichert. Er kam sich hässlich vor und entwickelt eine Phobie gegen das Ablegen der Kleidung beim Umziehen zum Sportunterricht. Tom fühlte sich unansehnlich und von allen in der Klasse so ziemlich alleine gelassen. Nur seine beste Freundin aus der Grundschule stand auch weiterhin zu ihm. Durch das ständige Schubsen, Knuffen und Zerren wurde seine

Kleidung auch immer wieder beschädigt. Obwohl es Tom bewusst war, dass er sich alleine mit der Bewältigung des Problems beschäftigen musste, versuchte er, bei seinen Eltern Signale zu setzen.

In der achten Klasse bemühte er sich zunehmend, modischere Kleidungsstücke zu bekommen. Tom glaubte nämlich, er könnte so seine vermeintliche Unansehnlichkeit verstecken und den Mitschülern durch Trend-Klamotten imponieren. Doch mit diesen Wünschen scheiterte er häufig bei seinen Eltern. Hingegen unterstützten sie ihn in dem Bestreben, sein Gewicht deutlich zu reduzieren. Tom machte gegen Ende der achten Klasse eine ausgewogene Diät und verlor so die für ihn unnötigen Pfunde.

Durch das Mobben der Mitschüler hatte Tom bis dahin jegliche Lust an sportlichen Aktivitäten verloren. Er war nun über den positiven Zuspruch der Eltern erleichtert und hoffte auf einen guten Start in die neunte Klasse.

Tom sah sich weiterhin dem Mobbing durch seine Mitschüler ausgesetzt. Die durch seine körperliche Entwicklung bedingten Veränderungen seines Aussehens wurden mehr und mehr zu einer Qual für ihn.

Ein wichtiger Schluss, den Sie als Eltern daraus ziehen können, ist, dass Sie Ihr Kind in seiner Körperlichkeit bestärken sollten. Geben Sie ihm das Gefühl, zu ihm zu stehen trotz aller Veränderungen während seiner Entwicklung. Sie können durch Ihr offenes und beherztes Vorgehen dafür Sorge tragen, dass sich Ihr Kind mit seiner körperlichen Entwicklung positiv identifiziert. Dann ist es auch leichter, gemeinsam über notwendige Korrekturen – zum Beispiel: weniger oder anders essen, mehr Bewegung – zu sprechen.

Die körperliche Entwicklung macht Heranwachsenden oft zu schaffen.

Bei vielen Gesprächen, die ich mit Mädchen und Jungen führe, geht es um Körperlichkeit. Ich erlebe, wie verunsichert viele sind, wenn das Elternhaus keinen positiven Rückhalt bietet. Und wenn es gelegentlich »ein paar Kilo zu viel« sind, dann muss man nicht gleich in Panik verfallen. Viel wichtiger ist, dass Sie als Eltern die weitere Entwicklung aufmerksam verfolgen und im ständigen Dialog mit Ihrem Kind bleiben. Sie werden dann erfahren, dass Ihr Kind sehr viel selbstbewusster durch sein Leben geht.

Tom Eltern blieben ihrer erzieherischen Besonderheit treu. Sie wollten Tom nicht darin unterstützen, sein vermeintliches Übergewicht zu verstecken. Aber sie unterstützen ihn ganz engagiert beim Abnehmen. So richtig und sinnvoll sich das im Nachhinein auch anhören mag, bei Tom löste es trotzdem im Unterbewusstsein negative Gefühle aus. Denn mit der allzu schnellen Bereitschaft, Tom beim Abnehmen zu unterstützen, gaben sie ihm das Gefühl, dass es ja wirklich schlimm bestellt sein musste mit seiner Korpulenz – so, wie die anderen es ihm vorhielten. Die Hänseleien, Beleidigungen, das Knuffen, Schubsen und Zerren – all das erschien ihm plötzlich als ein von ihm selbst ausgelöstes Problem.

Elterntipp

Die Eltern von Tom haben den Fehler gemacht, durch eine positiv gemeinte Entscheidung etwas von Tom als negativ Erfahrenes noch zu verstärken. Dass sie diesen Fehler machen konnten, lag in ihrem jähen Handeln nach so vielen Jahren des Sich-nicht-Kümmerns sowie in ihrer Sicht der Dinge. Toms Eltern waren sich vollkommen sicher, dass alles ein rein biologisches Problem sei. Und das galt es zu beseitigen. Dass Tom

»zwischen den Zeilen« ihres Hilfsangebots herauslesen musste, dass die Mobber Recht hatten mit ihrer Pöbelei und ihrem
Spott über seine »Deformation«, konnten die Eltern nach ihrer
langen Passivität im Umgang mit Tom nicht wissen.

Erforschen Sie genau, was Ihr Kind bewegt.

Bleiben Sie deshalb stets offen im Umgang mit Ihrem Kind
und erforschen Sie genau, welche Beweggründe es in seinem
Tun und bei seinen Wünschen leiten. So werden Sie immer in
der Lage sein, der Situation angemessen zu reagieren und Ihr
Kind darin zu bestärken, sich selbstbewusst den Veränderungen zu stellen. Und immer wieder gilt: Rücksprache mit den
Lehrern halten! Dabei können sich viele Unklarheiten – auf
beiden Seiten – beheben lassen.

Tom sah sich schon auf der sicheren Seite

Nachdem Tom so deutlich abgenommen hatte, glaubte er nun,
die verbleibenden Schuljahre unbehelligt »über die Bühne bringen zu können«. Doch er musste erfahren, dass die mobbenden Mitschüler sich auf seine Person eingeschossen hatten.
Das Opfer stand für die Täter fest, an ihm konnten sie ihr Müt-
chen kühlen, an seinem Leiden ihren Spaß haben und sich an
seiner Erniedrigung vor dem beifälligen Publikum »groß machen«. Mit dem fortschreitenden Alter der Heranwachsenden
änderten sich die Methoden des Mobbings ein wenig, plumper
Spott und simple körperliche Attacken wurden durch hinterhältige Andeutungen und Gerüchte oder abgefeimte Intrigen
ersetzt. Der ursprüngliche vordergründige Anlass wurde durch
einen anderen abgelöst.

Fallbeispiel Nach dem schnellen Abnehmen sowie einem Wachstumsschub wirkte Tom nun groß und schlank, ja fast etwas schlaksig. Diese Tatsache nahmen seine Mitschüler auf – und hänselten ihn nun wegen seiner veränderten Figur. Tom fühlte sich zutiefst gekränkt und enttäuscht, er verstand die Welt nicht mehr. Hatte er doch aus eigener Kraft und von sich aus den offensichtlichen Auslöser für die Übergriffe seiner Mitschüler beseitigt! Und trotzdem sollte er auch weiterhin das Opfer des Mobbings seiner Mitschüler sein? »Wie kann denn das nur passieren?«, überlegte er immer wieder. Seine beste Freundin bestärkte ihn in der Einsicht, dass er machen könne, was er wolle, und sich doch nie mehr etwas ändern würde. Die beiden Täter hatten ihn nun einmal ausgewählt als ihr Opfer, und sie würden immer nach irgendeinem Anlass, einem Vorwand suchen.

In der weiteren Schulzeit kam es tatsächlich weiterhin in regelmäßigen Abständen zu Übergriffen durch die beiden Schüler. Sie

Isoliert in der Klasse – das zermürbt jeden Schüler.

hänselten Tom mit seinem »völlig unerwarteten« Gewichtsverlust und seiner jetzigen Figur und unterstellten ihm die abenteuerlichsten Ursachen dafür. Er wurde nun nicht mehr nur gepiekst im Unterricht und beim Turnen. Plötzlich machte das Gerücht die Runde, dass Tom wohl »irgendwas Ansteckendes haben muss«, da er sich so schnell und drastisch verändert habe. Iiii – da muss man ja von ihm abrücken! Die beiden Mobbing-Täter und viele der anderen Mitschüler schafften es, dass sich Tom in der Klasse nun vollkommen isoliert fühlte.

Er konnte einfach immer noch nicht verstehen, was die beiden Mitschüler zu ihrem Handeln veranlasste. Immer häufiger schafften es die beiden Mitschüler, verletzende Gerüchte in Umlauf zu bringen, wonach Tom sicher bald »tot umfallen würde« oder auch, dass er bei seiner Figur noch keine sexuellen Erfahrungen ha-

ben könne (»Der ›kann‹ vielleicht überhaupt nicht!«). Hinzu kam, dass Tom zu dieser Zeit in seinem Denken und seinen Interessen anders ausgerichtet war als die Mehrzahl der Mitschüler. Er befasste sich frühzeitig mit klassischer Musik und war für die Schönheit der Dinge sehr aufgeschlossen. Deshalb verletzte ihn als sensibleren Menschen das brutale Verhalten der anderen noch viel mehr. Die abwegigen Gerüchte und blöden Geschichten, die in der Klasse in Umlauf gebracht und auch beiläufig den Lehrern zugespielt wurden, konnte er überhaupt nicht komisch finden. Aber Tom sah sich zu dieser Zeit außerstande, daran etwas zu ändern. Und auch mit seinen Eltern sprach er zu dieser Zeit nicht über die Vorkommnisse.

Die Situation hatte sich in dieser Phase innerhalb der Schule deutlich verschärft. Toms Peiniger fuhren eindeutig schwerere Geschütze auf, um ihn systematisch in seinem Selbstverständnis zu kränken. Tom konnte sich natürlich diese Vorgänge nicht mehr erklären. Dadurch sah er sich zu jenem Zeitpunkt auch nicht in der Lage, die Situation zu seinen Gunsten zu verändern. Von den Eltern sowie nicht unterstützt, lag es allein bei ihm, eine Veränderung herbeizuführen. Doch die ständigen Verletzungen hatten ihm der gesunden Fähigkeit beraubt, sich gegen andere Menschen zur Wehr zu setzen.

Auf die Dauer verlieren gemobbte Kinder jegliche Kraft.

Tom wurde umso leichter ein Opfer mobbender Mitschüler, als seine Eltern ihn zu früh auf seine eigenen Fähigkeiten verwiesen hatten. Diese Fähigkeiten waren damals noch nicht hinreichend ausgebildet und konnten sich im weiteren Verlauf gerade wegen des Mobbings nicht weiter entwickeln. Tom fühlte sich mit und in seinem Körper zutiefst verunsichert, und er fand keinen positiven Zugang zu seinem Entwicklungsstand.

Elterntipp

Jugendliche, die ihren Körper ablehnen, neigen oft zur Selbstverletzung.

Wenn Ihr Kind sich in einem solch verletzten Zustand an Sie wendet, dann müssen Sie alles an Verständnis aufbringen, was Ihnen zur Verfügung steht. Ihr Kind ist in dieser Phase seines Lebens zu jeder Selbstverletzung dieses ungeliebten Körpers bereit. Es wird das Gefühl haben, sowieso nichts kaputt zu machen. Wenn Ihr Kind im Alter von Tom solchen psychischen Belastungen ausgesetzt ist, dann kann das weit reichende Folgen haben. Dass Tom zu diesem Zeitpunkt tatsächlich noch keine sexuellen Erfahrungen hatte, ist alles andere als überraschend. Wenn Ihr Kind sich in Toms Lage befände, dann könnte es sich ebenso wenig jemals körperlich anderen Menschen nähern. Es steht ja selbst nicht zu seinem Körper nach der ständigen Herabwürdigung durch das Mobbing der Mitschüler. Wie soll es dann diesen Körper anderen Menschen zeigen wollen?

Stärken Sie Ihr Kind durch Ihre Kraft und Offenheit – und durch Ihren Mut.

Seine Mitschüler haben bei Tom ein grundlegendes Angstgefühl in Bezug auf seine körperliche Entwicklung verfestigt. Und nach meinen Erfahrungen ist Angst immer der schlechteste Wegbegleiter der kindlichen Entwicklung und Erziehung. Dies würde für Ihr Kind – wäre es betroffen – bedeuten, sich nicht mehr offen und ruhig und auch kritisch mit seinem eigenen Körper auseinander setzen zu können. Vielmehr müssten Sie als Eltern verstehen lernen, dass sich Ihr Kind nur noch negativ von seinem Körper belastet fühlt. Jetzt braucht es all Ihre Kraft und Offenheit sowie eine ordentliche Portion Mut! Denn Sie müssen möglichst schnell und umfassend erreichen, dass sich durch Ihren positiven Zuspruch die grundlegend negative Einstellung Ihres Kindes umkehrt. Betonen Sie daher immer wieder, dass seine Körperlichkeit etwas ganz Normales ist.

Sicher keine leichte Aufgabe, aber eine, die Sie meistern können, wenn Sie »Ihr Herz in die Hand« nehmen! Häufig habe ich eine solche Aufgabe bei Mädchen und Jungen zu bewältigen, wenn das von anderer Stelle aus nicht möglich war.

Nur so kann man erreichen, dass sich ein Kind nicht der Situation ausgesetzt sieht, wie Tom sie in den verbleibenden zwei Jahren am Gymnasium erdulden musste. Seine Rolle änderte sich nun allerdings schlagartig, drastisch und sehr konsequent, bedingt durch ein einziges Ereignis.

So wurde Tom vom Opfer zum vermeintlichen Täter

Tom konnte sich in seiner Rolle als Opfer des Mobbings durch seine Mitschüler nicht von den Verletzungen und psychischen Belastungen befreien. Er fand keinen Zugang zu seinen Mitschülern, um mit ihnen zu klären, warum sie denn taten, was sie mit ihm machten. Ein Zufall kam ihm in gewisser Weise zu Hilfe, um die Situation nachhaltig zu ändern.

Oft ist ein klärendes Gespräch zwischen Opfer und Tätern nicht möglich.

Tom befand sich bereits in der zwölften Klasse, als eine Situation eintrat, die seine bisherige Rolle als Mobbing-Opfer über den Haufen warf. Während einer der fast schon alltäglichen Hänseleien und Beleidigungen kam ihm seine beste Freundin zu Hilfe. Sie ergriff verbal die Initiative für ihn und forderte die aggressiven Mitschüler auf, doch endlich »die Klappe zu halten«. Einer der beiden Schüler, die Tom von Anfang an in der Schule gemobbt hatten, schubste daraufhin Toms beste Freundin brutal zur Seite. Dabei fiel sie so unglücklich gegen einen Tisch und

Fallbeispiel

dann auf den Boden, dass sie sich den linken Unterarm brach. Tom musste hier miterleben, wie seine einzige Vertraute durch seine Peiniger verletzt wurde. Nach dem Vorfall herrschte Totenstille in der Klasse. Tom war wie versteinert. Er konnte sich psychisch kaum aus der Erstarrung lösen. Noch Wochen später sah er immer wieder diese Situation vor sich. Doch dieser Vorfall sollte für die verbleibende Zeit am Gymnasium Konsequenzen haben.

Kinder reagieren häufig anders, als es ihre Peiniger erwarten.

Einige Wochen lang wurde Tom von seinen Mitschülern einigermaßen in Ruhe gelassen. Nach einer Weile aber fingen seine beiden Mitschüler wieder an, ihn aufs Neue zu hänseln, zu beleidigen und zu stoßen. Doch Tom zeigte plötzlich eine völlig unerwartete Reaktion. Beim ersten ernsthaften Versuch der beiden Mobber, ihr dumm-aggressives Spiel wieder aufzunehmen, schrie Tom sie an, sie sollten verdammt noch mal ihr blödes Maul halten, »sonst vergesse ich mich!«. Tom spürte, sobald er diese beiden Figuren vor sich sah, so eine Wut in sich aufsteigen, dass er sich am liebsten auf sie gestürzt hätte. Dazu kam es nicht. Aber sein erster lautstarker Protest nach all den Jahren zeigte bei den beiden »mutigen« Mitschülern Wirkung. Vielleicht war ja doch etwas an der ausgestoßenen Drohung?

Tom machte von einem Moment auf den anderen die Erfahrung, dass er durch einmaliges lautstarkes Aufbäumen eine Kette von regelmäßigen Verletzungen durchtrennt hatte. Er fühlte sich unglaublich befreit, und seine Selbstvertrauen erhielt einen noch nie dagewesenen Schub. Seinen Eltern erzählte er von dem Vorfall mit der besten Freundin. Und auch über den Wutausbruch gegenüber den Mitschülern berichtete er. Die Eltern sahen sich bestätigt, dass ihr Sohn sich selbst zu behaupten wusste. – Eine Einschätzung, die *so* sicherlich nicht zutreffend ist!

Was Tom passierte, ist in diesem Stadium seines Lebens nichts Unübliches. Über Jahre hin hatte er seinen Ärger, Zorn und vielleicht sogar Hass auf die beiden Mitschüler in sich hineingefressen. Er fand kein Ventil, um diesen Gefühlen Luft zu machen. Der Vorfall mit seiner besten Freundin aber wirkte sich gleich auf doppelte Weise aus: Nicht nur, dass Tom jetzt endlich verstanden hatte, dass andere Menschen sehr wohl auch für ihn da sein können, er wusste nun auch, dass er selbst etwas verändern musste. Und er hatte so viel Wut im Bauch, dass er glaubte, es schaffen zu können.

In vielen Gesprächen nach Streitereien unter Jugendlichen kommt in der pädagogischen Aufarbeitung zum Vorschein, dass die aktuelle Situation sich über eine längere Zeit aufgebaut und zugespitzt hat. Das Bild von der Verletzung des Arms ließ Tom nun nicht mehr los und zeigte ihm, dass er sich selbst möglichst schnell aus der Opferrolle befreien musste. Das hat Tom dann auf für seine beiden Mitschüler sicher schockierende und überraschende Weise auch getan. Das Herausschreien der Empfindungen und der Drohung gegenüber den beiden Peinigern war das Ventil, das Tom so lange gesucht hatte. Tom konnte sofort erleben, wie sich seine Rolle, und damit auch seine Wertigkeit in der Klasse, verändert hatte. Er konnte schnell erfahren, wie die Befreiung von dieser jahrelang ertragenen Last dazu führte, dass er sich besser und selbstbewusster fühlte. Mit dem Hinausschreien der emotionalen Blockaden, die sich durch das jahrelange Mobben der Mitschüler aufgebaut hatten, fiel all sein Selbstzweifel von ihm ab.

Man kann sicher viel darüber diskutieren, wie »gesund« ein solcher Befreiungsschlag für die betroffene Person ist. Doch das ist in dieser Situation sicher nicht das wesentliche Merk-

Mit einem verbalen Befreiungsschlag kann man sich aus der Opferrolle lösen.

mal, das Tom bei seinem Tun leitete. Für ihn zählte in erster Linie die Befreiung aus den Fesseln, die ihm seine Mitschüler durch das ständige Mobbing über Jahre hinweg angelegt hatten.

Wie Sie sehen konnten, glaubten die Eltern wohl immer noch daran, dass ihr Sohn dank ihrer früheren erzieherischen Maßnahmen in der Lage war, mit allem alleine fertig zu werden. Die Eltern erfassten gar nicht die Tragweite der Erzählungen von Tom. Dass die Vorkommnisse ihren Ursprung in langjährigen Vorfällen hatten, konnten die Eltern nicht begreifen.

Elterntipp

Verurteilen Sie das Handeln Ihres Kindes nicht vorschnell.

Sollten Sie von solchen Vorkommnissen bei Ihrem Kind Kenntnis erhalten, dann bewahren Sie Ruhe. Kommen Sie nicht auf die Idee, das Handeln Ihres Kindes zu verurteilen. Ein Urteil ist erst angebracht, wenn Sie den gesamten Hintergrund kennen gelernt haben. Da könnte es Ihnen als Eltern natürlich passieren, dass Sie einige böse Überraschungen erleben. Denn sollte Ihnen bis zu einem solch drastischen Ereignis die wirkliche Situation Ihres Kindes verborgen geblieben sein, so haben Sie eine beträchtliche Anzahl an Gesprächen nachzuholen und an Informationen zu verarbeiten. Es könnte Ihnen auch leicht passieren, dass sich Ihr Kind gar nicht mehr an Sie wendet. Nach vielen Jahren der von Ihnen gehegten Meinung, dass sich Ihr Kind im sicheren Bereich des Selbstwertgefühls befände, kann es gut zu einer großen Distanz zwischen Ihrem Kind und Ihnen gekommen sein. Dann ist ein unglaublich hohes Maß an Geduld von Ihrer Seite notwendig. Neben dem immer wieder zu signalisierenden Willen, gesprächsbereit zu sein, müssen Sie als Eltern abwarten können. Ihr Kind wird vielleicht einfach erst mal seine Ruhe haben wollen, bevor es sich auf eine Kommunikation mit Ihnen einlässt. Sie erweisen sich und Ihrem Kind einen großen Dienst, wenn Sie eben jene Kraft aufbringen, die Situation auszuhalten. Ein Fehler, wie ihn Toms Eltern an dieser Stelle gemacht haben, braucht Ihnen nicht zu passieren. Denn die Eltern hatten viel zu schnell und ohne jegliche Rückfrage bei ihrem Kind festgestellt, dass wohl alles in bester Ordnung sein müsse.

Ihr Kind braucht zuallererst eigene Sicherheit im Umgang mit der Situation.

Tom lebte eine neue Rolle

Nachdem Tom durch seinen stimmgewaltigen Auftritt die Situation entscheidend bereinigt hatte, verspürte er den Drang nach Umkehrung der Rollen. Er empfand noch immer in sich diese tiefe Verärgerung über das jahrelange miese Verhalten seiner Mitschüler. Tom horchte sozusagen in sich hinein, um zu erfahren, was er nun in seiner neuen, veränderten Situation noch erleben und ausleben wollte.

In der verbleibenden Schulzeit am Gymnasium befreite sich Tom sehr aggressiv von den durchlittenen Erfahrungen. Er konnte und wollte sich der Versuchung nicht erwehren, seinen Mitschülern einmal ordentlich zu zeigen, wie er sich jahrelang dank ihrer permanenten Aggressionen gefühlt hatte.
Er hänselte nun seinerseits die beiden Mitschüler und stellte dabei mit zorniger Verwunderung fest, was für feige und windige Charaktere diese beiden »starken« Burschen eigentlich waren. Man musste ihnen gegenüber nur auftrumpfen – und schon bekamen sie es mit der Angst zu tun. Tom machte jetzt eine wich-

 Fallbeispiel

tige Lebenserfahrung: Menschen, die aggressiv-dominantes Verhalten an den Tag legen, sind hinter ihrem Imponiergehabe meist lächerliche Zwerge.

Tom bediente sich der gleichen Taktiken gegenüber seinen einstigen Peinigern, die sie bisher bei ihm angewandt hatten. Er beleidigte sie wegen ihres Aussehens, schubste sie in der Klasse und auf dem Schulhof herum, machte sie lächerlich und verbreitete die abenteuerlichsten Gerüchte über sie. Da das frühere un- oder asoziale Verhalten der Mobber ja in der Klasse allgemein bekannt war, glaubten die anderen Schüler nunmehr auch Tom, wenn er zum Beispiel wilde Geschichten über die miese häusliche Herkunft der beiden verbreitete (der Vater sei ein Säufer und verprügele die Mutter – und so weiter).

Die beiden Mitschüler konnten sich nicht mehr gegen Tom erwehren. Sie waren ganz plötzlich in die Rolle des Opfers geraten. Dabei waren sie sich doch so sicher gewesen, dass ihnen so etwas nicht passieren könnte.

Tom nutzte diese »Abrechnung« mit seinen Peinigern auch zu einem grundlegenden Wandel seiner Ansichten. Plötzlich wusste er, dass er sehr wohl auf sich selber achten konnte. Er spürte nun auch, dass seine negative Einstellung seinem Körper, seiner Person gegenüber unbegründet war. Er entwickelte mit der Zeit ein neues, ausgeprägtes Körperbewusstsein. Er fing mehr und mehr damit an, Sportangebote wahrzunehmen. Tom verspürte das Bedürfnis, sich aktiv am Leben zu beteiligen. Darin drückt sich aus, wie sehr er sich in den letzten Jahren zurückgesetzt gefühlt hatte.

Tom war in dieser Zeit selbst überrascht, wie schnell doch die Blockaden und Verletzungen in den Hintergrund traten. Dass er mit seinem eigenen veränderten Verhalten in der Lage war, sich aus der Opferrolle zu befreien, bedeutete ihm sehr viel. Er fühlte sich gestärkt und im besonderen Maße im Selbstwertgefühl bestätigt. Tom fühlte sich dazu fähig, nun sein Leben wieder fest in den Griff zu bekommen und die Verletzungen und seelischen Narben nach und nach zu vergessen.

Was Tom in dieser Phase seines Lebens an Erfahrungen sammelte, ist dramatisch und problematisch zugleich. Dramatisch ist für Tom im besonderen Maße, mit welcher Geschwindigkeit und mit welcher Entschlossenheit er sich plötzlich in der Lage sieht, die Situation zu seinen Gunsten zu verändern. Gleichzeitig ist das »Wie« der Geschehnisse ausgesprochen problematisch, da Tom sich plötzlich auf das Niveau seiner Peiniger begibt. Die Erklärung für sein Verhalten liegt auf der Hand: Er will erreichen, dass sie sich nun genauso fühlen wie er selbst früher in unzähligen Situationen, in denen die beiden Mitschüler ihn zum Opfer gemacht hatten. Hier von Rache zu sprechen, wäre vielleicht zu hart, aber Genugtuung und dadurch Befreiung verschaffte er sich damit schon. Man kann wohl auch von einem spontanen Reflex sprechen, der emotional gelenkt wurde.

Problematisch: Das einstige Opfer begibt sich auf das Niveau der Peiniger.

Solche Reflexe beobachte ich häufiger während meiner Arbeit. Es ist das Herausbrechen von über lange Zeit hinweg geschluckten Beleidigungen, welches sich oft sehr drastisch darstellt. Dieser Reflex, dieses Explodieren, wenn das Maß einmal voll ist, bescherte Tom zugleich die Befreiung von einer jahrelangen Qual, die er erleiden musste, weil es zwei Mitschülern so gefallen hatte. Er verspürte einer enormen Anstieg seines einst so beschädigten Selbstvertrauens und tankte Kraft für die weiteren Aufgaben, die vor ihm lagen.

Elterntipp

Als Eltern balancieren Sie in einer solchen Situation auf einem schmalen Grat. Sie müssen sehr feinfühlig nachfragen, wie sich für Ihr Kind die aktuelle Situation gestaltet. Scheuen Sie sich nicht, auch Freunde und gute Bekannte Ihres Kindes nach deren Einschätzung zu befragen. Ebenso sollten Sie die wichtigsten Lehrer zu Rate ziehen. Auf jeden Fall sind in dieser Phase unglaublich viel Geduld und viel Verständnis erforderlich. Die Geduld müssen Sie dafür aufwenden, die Gefühlsschwankungen Ihres Kindes auszuhalten. Durch die Befreiung aus der verletzenden Situation in der Schule wird Ihr Kind kurze Zeit »über den Wolken« sein. Bis die Normalität Ihr Kind auf ein gesundes Maß an Zufriedenheit und Selbstvertrauen bringt, kann es eine ganze Weile dauern. Achten Sie in dieser künstlich wirkenden Hochphase gut auf Ihr Kind. Junge Menschen neigen in solchen Gefühlssituationen dazu, sich sehr leichtsinnig zu verhalten. Zudem benötigen Sie ein sehr ausgeprägtes Verständnis, wenn Sie erfahren sollten, dass Ihr Kind nach all den Erfahrungen aus den zurückliegenden Jahren selbst zum Mobber wird. Im Bewusstsein von Wertekategorien, die Sie Ihrem Kind vermittelt haben, können Sie ihm nicht unkritisch Beifall und Zustimmung signalisieren. Schließlich tut Ihr Kind etwas, das Sie zuvor in Übereinstimmung mit ihm eindeutig verurteilt haben.

Es wäre allerdings auch ein Fehler, zu schnell Ihrem Kind Ihre Missbilligung zu zeigen. Das würde es nur kränken und zu der Erkenntnis bringen, dass Sie nicht froh seien über die Befreiung aus seiner Notlage. Für eine Weile sollten Sie den Schwebezustand aushalten können. Sollte Ihnen die Phase dann doch zu lange erscheinen, dann sprechen Sie mit Ihrem Kind

Geduld und Verständnis der Eltern sind unverzichtbar, wenn aus Opfern Täter werden.

über Ihre Bedenken. Die Erfahrung hat aber gezeigt, dass dies oftmals nicht nötig ist. Denn die Situation bereinigt sich, wie im Fall von Tom, oft von selbst. In dieser Phase sollten Sie sich auf jeden Fall über die Schule Unterstützung von außen holen.

Der Alltag holte Tom ein

Wie oben schon angesprochen, veränderte sich bei Tom die Situation ohne Zutun von außen zum Positiven. Geschehen konnte dies durch das Abklingen des unnatürlichen Hochgefühls. Tom fand zurück zu seiner gedanklichen Klarheit und musste einsehen, dass es ihm weder helfen konnte noch auf die Dauer Genugtuung bereitete, nun selbst die Rolle des niederträchtigen Mobbers zu spielen. Dies lag sicherlich vor allem an seiner Art, die Dinge zu sehen, sowie an seiner damit verbundenen gedanklichen Klarheit und geistigen Vielseitigkeit.

Tom hörte auf, die beiden Mitschüler zu mobben. Seine einstigen Verletzungen vernarbten auch mit Hilfe von Rache und Genugtuung nicht schneller. Also konnte er seine ehemaligen Peiniger einfach mit Verachtung strafen. Lieber suchte er das Gespräch mit anderen Schülern, die ihm mehr oder minder stark freundschaftlich verbunden waren. Er wollte für sich versuchen, im Gespräch mit anderen seine eigenen negativen Erfahrungen aufzuarbeiten und zu beseitigen. Er spürte aber ganz deutlich, dass dies sicher noch viele Jahre der Aufbereitung und Klärung mit sich bringen würde.
Tom schaffte sein Abitur mit durchschnittlichen Noten. Nach einer kurzen Pause suchte er erst einmal Ablenkung von Schule

 Fallbeispiel

und allem, was damit zu tun hatte. Tom entschied sich für einen Job im Einzelhandel. Er wollte Geld verdienen, Abstand gewinnen zu den Erfahrungen in der Schule und in Ruhe planen und klären können, wie es bei ihm weitergehen sollte.

Er entschied sich letztlich für einen sozialen Beruf. Deshalb ging er nach Deutschland, um dort Sozialarbeit zu studieren. In der Zwischenzeit gelangte Tom zu der Erkenntnis, dass seine Eltern nicht ganz unschuldig daran waren, was er in der Schule hatte aushalten müssen. Doch es gelingt ihm und seinen Eltern, die Geschehnisse aufzuarbeiten und ihr Verhältnis zueinander zu klären.

Kinder müssen ihre Erfahrungen bewusst verarbeiten.

Tom hat es trotz aller Schwierigkeiten und Probleme doch noch geschafft, sich wieder zu fangen und sein Leben zu gestalten. Bis er alle Verletzungen endgültig verarbeitet hat, wird es sicher noch einige Jahre dauern. Und manche der Erfahrungen durch das Mobbing in der Schule prägen immer noch sein heutiges Auftreten und Verhalten.

Tom und Maria sind sicherlich keine Extrembeispiele, was das Mobbing unter Schülern angeht. Ihnen wurden »nur« die üblichen miesen Grausamkeiten unter Schulkindern zugemutet, sie erlebten den ganz alltäglichen Wahnsinn im menschlichen Miteinander und unter Schülern. Es gibt in der Praxis wesentlich extremere Fälle, bei denen Gewalt in der Schule, Körperverletzung, Anwendung von Waffen, Bandenschlägereien, Drogendeals, systematische Erpressung mitspielen und andererseits bei den Opfern dramatische Verzweiflungstaten bis hin zum Selbstmord die Folge sind. Die hier vorgestellten Fallbeispiele wurden aber genau aus dem Grund ausgewählt: weil sie durchschnittlich typisch sind. Sie spiegeln die Alltäglichkeit der Problematik wider und zeigen, wie sehr das Leben

eines Kindes durch die Vorkommnisse beeinflusst wird. Sie können in beiden Fallbeispielen erkennen, wie dramatisch trotz dieser Alltäglichkeit die Einschnitte in das Leben der Schülerinnen und Schüler ist. Daher möchte ich an dieser Stelle nochmals eine besonders bedeutsame Feststellung darlegen.

Gemobbte Kinder können ihrem Alter entsprechende Aufgaben nicht bewältigen

Mädchen und Jungen müssen eine Vielzahl von unterschiedlichen Entwicklungsaufgaben bewältigen. Um diese Aufgaben auch wirklich erfüllen zu können, brauchen sie die sehr wichtige Unterstützung durch die Eltern. Mit den unter den Fallbeispielen dargestellten Möglichkeiten unterstützen Sie Ihr Kind ganz konkret bei auftauchenden Problemen und Hindernissen. Durch das Mobbing von Mitschülern wird Ihr Kind in seinen Möglichkeiten eingeschränkt. Es ist unter Umständen nicht mehr in der Lage, allen Entwicklungsaufgaben so gut wie möglich gerecht zu werden. Die unbefriedigende und ständig behinderte Entwicklung kann sich negativ auf die weitere Persönlichkeitsentfaltung auswirken.

Was können wir tun?

Was können wir tun?

Im bisherigen Verlauf des Buches haben Sie viel darüber erfahren, wie sich Mobbing definiert, wie es abläuft und welche Ebenen des täglichen Lebens dadurch beeinträchtigt werden können. Ich habe häufig auf die besondere Bedeutung des Kindes- und Jugendalters für die Persönlichkeitsbildung hingewiesen, damit Sie als Eltern auch Informationen darüber haben, was es alles an grundlegenden Präventions- und Interventionsmöglichkeiten gibt. Nun seien Ihnen ein paar notwendige Informationen zu Umgang und Kommunikation zur Seite gestellt.

Offenheit ist oberstes Gebot

Lob und Kritik brauchen verständliche Begründungen.

Durch das Mobbing seitens irgendwelcher Mitschüler oder auch durch andere Problemsituationen kann sich ein Kind oder Jugendlicher empfindlich gestört fühlen. Signalisieren Sie also immer Offenheit und Aufgeschlossenheit, wenn Sie sich mit Ihrem Kind auseinandersetzen! Denken Sie daran, dass sich durch dieses Vorgehen ebenfalls in besonderem Maße die Toleranz ausbildet. Wenn Sie ihm diese Ausstattung nicht mit auf den Weg geben, dann wird es sie nur schwerlich anderweitig erwerben können. Bei der Arbeit mit Jugendlichen erlebe ich übrigens sehr häufig, dass diese trotz anders lautender Meinungen dankbar sind für Kritik und natürlich auch Lob von Erwachsenen.

Signalisieren Sie Interesse!

Es reicht heutzutage nicht mehr aus, einfach »nur« da zu sein für die Kinder. Nein, die Kinder erwarten teilweise auch Ihr aktives Interesse für Themen, Sorgen und Probleme, die sie bewegen. Daher heißt es für Sie, bereit zu sein, auf Interessen der Jugendlichen zu reagieren. Und Sie werden Ihrem Kind signalisieren müssen, was Sie gegebenenfalls über die aktuellen Entwicklungen einfach nicht wissen können. So helfen Sie sich selbst und Ihrem Kind, da Sie eine Vorstellung davon erhalten, was gerade abläuft, welche Themen und Probleme Ihr Kind beschäftigen. Ihr Interesse, Ihre Anteilnahme löst bei Ihrem Kind das Gefühl von Geborgenheit aus. Sie gleichen damit mögliche Defizite aus, die Ihr Kind durch das Mobbing an der Schule erleiden kann.

Eltern können nicht alles wissen – erst recht nicht über die Interessen der Jugend.

Sprechen Sie mit Ihren Kindern – aber nicht über sie!

Denken Sie immer daran, dass Kinder zu Ihnen kommen, weil sie Ihre Unterstützung benötigen bei Problemen, Ängsten oder Sorgen. Machen Sie nie den Fehler, Ihr Kind nur halbherzig an der Hand zu nehmen. Es gibt im Prinzip keinen direkteren Draht zwischen Ihnen und Ihren Kindern. Wenn Sie es schaffen, Ihrem Kind auf dieser Ebene Vertrauen zu vermitteln, dann wird es Ihnen auch großes Vertrauen entgegenbringen. Und dieses Vertrauen ist dann wieder Grundvoraussetzung dafür, dass Ihr Kind nach Vorfällen in der Schule, wie Drangsalierungen durch einen Mitschüler, zu Ihnen kommt und sich

Ihnen anvertraut. Sollten Sie im Augenblick keine Zeit haben, erklären Sie das Ihrem Kind liebevoll und vereinbaren Sie ein Gespräch für einen etwas späteren Zeitpunkt, wenn Sie mehr Ruhe dazu haben.

Geben Sie klare Regeln vor!

Klare und verständliche Regeln und Grenzen sind absolut notwendig.

Auch wenn es Ihnen auf den ersten Blick nicht mehr so zeitgemäß erscheinen mag, brauchen Mädchen und Jungen während ihrer sehr differenzierten Entwicklungsphasen feste Regeln und Grenzen durch das Elternhaus. Machen Sie nicht den Fehler im Umgang mit Ihrem Kind, unverbindlich und unkonkret zu bleiben. Sie tun Ihrem Kind damit keinesfalls einen Gefallen.

Während der Zeit der sich immer stärker differenzierenden Entwicklung in der Jugend entziehen sich die Heranwachsenden zunehmend der Festlegung durch Regeln und Grenzen. Umso wichtiger ist es, das Sie als Eltern sich dann im besonderen Maße darum bemühen. Werden sie erst einmal erwachsen, dann erleben die jungen Menschen, dass in allen Bereichen des täglichen Lebens Regeln und Grenzen auf sie warten. Auch in meiner Arbeit gebe ich den Jugendlichen Regeln und Grenzen vor. Akzeptieren sie diese, lasse ich sie mit ihren Sorgen, Ängsten und Problemen an mich heran.

Wenn Sie Ihrem Kind solche in einem vernünftigen Maß gehaltenen Regeln und Grenzen verständlich machen, dann stärken Sie es aktiv für die Zukunft. Ein Kind, das Opfer von Mobbing durch seine Mitschüler geworden ist, braucht diese Unterstützung in besonderem Maße. Denn Ihr Kind kann dann

selbst erkennen und beurteilen, dass andere Menschen die natürlichen Regeln und Grenzen des Einzelnen missachten und überschreiten.

Seien Sie glaubwürdig in Ihren Entscheidungen!

Oft verlangen Eltern von ihren Kindern konsequente Entscheidungen, die sie aber für sich selbst nicht einhalten. Wenn Sie Ihrem Kind etwa das Rauchen oder Trinken untersagen, dann achten Sie bitte darauf, Ihrem Kind nicht gleich wieder vorzumachen, wie es nicht sein sollte. Demonstrieren Sie Ihrem Kind vorbildlich, dass Sie sich selbst ebenfalls an die getroffenen Entscheidungen halten.

Vermitteln Sie Werte und Normen!

Sie wissen natürlich, dass unser gesellschaftliches Zusammenleben auf bestimmten Werten und Normen beruht. Diese Werte und Normen, wie Ehrlichkeit, Toleranz, Gerechtigkeit und Akzeptanz, werden von Ihnen als Eltern an Ihre Kinder weitergegeben. Es ist ein gesunder und notwendiger Prozess, dass sich Ihre Kinder mit Ihren Wert- und Normvorstellungen auseinandersetzen. Im Umgang von Jugendlichen untereinander lässt sich oft von diesem Werte-Verständnis nichts wiederfinden. Aber gerade wenn Ihr Kind das Mobbing-Opfer seiner Mitschüler geworden ist, braucht es feste Größen, an denen es sich orientieren kann. Moralische Werte und ethische Normen

Werte und Normen müssen auch heute noch zentrale Maß-stäbe im menschlichen Miteinander bilden.

sind auch in der heutigen Gesellschaft ein zentrales Gut für das Leben mit anderen Menschen. Befähigen Sie Ihr Kind zum einem sozialen Zusammenleben – dadurch stärken Sie es zugleich gegen Mobbing-Attacken, die seine Maßstäbe für Richtig und Falsch durcheinander bringen könnten.

Begleiten Sie Ihr Kind bei seinen wichtigen Entwicklungsschritten!

Während der Schulzeit müssen die Mädchen und Jungen neben dem Zugewinn an Wissen noch einer anderen zentralen Anforderung gerecht werden. Sie müssen die unterschiedlichen Entwicklungsaufgaben erfüllen, um zu einer selbstständigen Persönlichkeit heranzuwachsen. Neben der direkten Bewältigung der jeweiligen Entwicklungsphasen muss Ihr Kind dann auch noch eine Vielzahl von Problemen und Ängsten überstehen. Ihnen als Eltern ist es sehr gut möglich, Ihren Kindern in dieser Zeit beizustehen.

Sinnvolle Freizeitgestaltung

Mädchen und Jungen sind dazu angehalten, ihre Freizeit selbst zu organisieren und zu gestalten. Dabei sollen sie abwägen, was die passenden Angebote für sie sein können und wie sie die Freizeit damit ausfüllen. Sie als Eltern können Ihr Kind dabei unterstützen und es beraten, welche Möglichkeiten der Freizeitgestaltung sich bieten. Solche Alternativen können für Ihr Kind von großer Bedeutung sein im Zusammenhang mit dem Mobbing unter Schülern. Oft erfahre ich von Jugendlichen, dass ihre Eltern keine Vorstellung davon haben, wie sie

ihre Freizeit verbringen und welche Freizeitmöglichkeiten sich überhaupt anbieten. Wenn sich Ihr Kind über Alternativen zum Freundeskreis in der Schule im Klaren ist, dann kann es sich je nach akuter Situation in der Schule anders orientieren – vom Sportverein bis zur Musikschule. Es wird neue Lebensbereiche finden, in denen es nicht als Opfer abgestempelt ist.

Die eigene Geschlechtsrolle entwickeln

Die Jugendlichen beginnen ab dem elften Lebensjahr, aktiv ihre eigene Geschlechtsrolle zu entwickeln. Dazu gehört natürlich auch, dass sie sich mit den vorhandenen Ansichten und Klischees über die Geschlechterrollen von Mann und Frau auseinandersetzen. Sie müssen sich mit ihrer Körperlichkeit beschäftigen und klären, wie sie sich zu ihrer Geschlechterrolle stellen. Dazu gehört es in der Regel auch, dass sich Mädchen und Jungen »ausprobieren«, um so eine Orientierung für das weitere Leben zu haben.

Mädchen und Jungen brauchen Freiräume für die persönliche Entwicklung.

Sie können Ihr Kind in dieser Situation aktiv unterstützen, wenn Sie ihm vor allem Freiräume zugestehen. Denn Eingriffe durch Sie als Eltern sind nicht verständlich für Ihr Kind. Sie bedeuten in der Regel einen Eingriff in die Privatsphäre der Mädchen und Jungen. Nach meiner Erfahrung gibt es nicht Schlimmeres für Mädchen und Jungen, als wenn sie durch Eltern oder Freunde genötigt werden, ihre Sexualität zu »erläutern«.

Wenn Sie Ihr Kind aktiv stärken und ihm Selbstvertrauen vermitteln für die gefällten Entscheidungen, dann unterstützen Sie Ihr Kind auch aktiv gegen Mobbing durch Mitschüler. Es wird dann gefestigt sein in seinem Rollenverständnis und verletzende Bemerkungen besser ablegen können.

111

Behauptung in der Gleichaltrigengruppe (Peer-Group)

Mädchen und Jungen brauchen für die Bewältigung ihrer Entwicklungsaufgaben ab dem dreizehnten Lebensjahr verstärkt den Umgang mit Gleichaltrigen. Sie brauchen den Austausch und den Kontakt zur Ausbildung ihrer weiteren Persönlichkeit und entfernen sich gleichzeitig langsam vom Elternhaus. Der Austausch innerhalb der Gruppe erstreckt sich auf alle Themenbereiche der Entwicklungsaufgaben in diesem Alter. Sie als Eltern sind vor allem aufgefordert, diese entscheidende Entwicklung zu akzeptieren und wohlwollend zu verfolgen. Sie stärken damit das Selbstbewusstsein Ihres Kindes und begleiten es überlegt und verantwortungsbewusst auf dem weiteren Weg der Persönlichkeitsbildung. Ihr Kind kann sich zudem über den regelmäßigen und ungezwungenen Kontakt mit Gleichaltrigen gegen Übergriffe durch das Mobbing von Mitschülern schützen.

Die Ablösung vom Elternhaus

Die Loslösung vom Elternhaus kommt mit Sicherheit – und das ist gut so.

Mit der weiteren Schul- und Berufswahl geht ab dem sechzehnten Lebensjahr die stete Ablösung vom Elternhaus einher. Mädchen und Jungen suchen nach geeigneten Möglichkeiten, um sich ideell und finanziell vom Elternhaus zu trennen.

Das ist ein Prozess, der sich über eine längere Zeitspanne von mehreren Jahren hinziehen kann und auf den Sie sich als Eltern einstellen sollten. Unterstützen können Sie Ihr Kind in dieser Phase, wenn Sie ihm die möglichen Alternativen nicht aufdrängen oder sie unnötig ausschmücken. Ihr Kind entscheidet letztlich selbst über die Weichenstellungen.

Problematisch ist für viele in dieser Situation heute, dass sie von zu Hause zu viel Geld erhalten und ihre Ansprüche zu

hoch sind. Sie können aktiv dazu beitragen, dass Ihr Kind den Übergang vom Elternhaus zur Eigenständigkeit gut meistert, indem Sie nicht ständig und nicht planlos finanziell nachhelfen.

Hilfen von anderer Seite in Anspruch nehmen

Die Sorge um Ihr Kind kann es erforderlich machen, mit Lehrern und auch mit anderen Eltern Kontakt aufzunehmen. Wenn Sie mit Lehrern über das Thema Mobbing bei Schülern sprechen, dann machen Sie sich bitte stets bewusst, dass es grundsätzlich um eine Situationsverbesserung für Ihr Kind geht und nicht um eine Grundsatzdiskussion. Im Kontext Schule neigt man schnell dazu, aus der Diskussion über einen Einzelfall die Debatte über grundlegende Entwicklungen werden zu lassen. Das würde weder Ihrem Kind noch Ihnen helfen.

Nehmen Sie die Hilfe anderer an, wenn der Dialog mit Ihrem Kind festgefahren ist!

Günstig kann es sein, sich einen Moderator oder Mediator (Vermittler) zu suchen, der dann das Gespräch in die richtigen Bahnen leitet. Schon häufig wurde ich bei derartigen Gesprächen gebeten, zu vermitteln, Hintergründe zu klären und Perspektiven mit allen Beteiligten zu entwickeln.

Bei einem Gespräch mit anderen Eltern denken Sie selbst immer daran, dass ein ausgesprochen behutsames Vorgehen ratsam ist. Eltern lassen sich nur sehr ungern von anderen Eltern erläutern, wie schrecklich ihr Kind sei. Nach Möglichkeit sollten Sie einen Lehrer als Vermittler hinzuziehen.

In beiden Gesprächen machen Sie ganz deutlich, was Sie sich für Ihr Kind in Zukunft erwarten. Dann kann Ihnen später niemand vorwerfen, Sie hätten sich nicht eindeutig geäußert.

Signale und Reaktionen

Signale und Reaktionen

Um Sie als Eltern noch weiter zu ermutigen und zu unterstützen, fasse ich nachfolgend zusammen, wie die geeignete Hilfe für Ihr Kind aussehen kann. Sie haben erkannt, wo Ihr Kind in der aktuellen Situation steht.

Ihr Kind spricht über Vorkommnisse in der Schule

Wenn Ihr Kind zu erkennen gibt, dass es gemobbt wird – handeln Sie unverzüglich!

Wenn Ihr Kind zu Ihnen kommt und beschreibt, dass sich der eine oder andere Vorfall zugetragen hat, dann sind Sie in der Lage, sehr schnell zu reagieren. Und Sie müssen es als Eltern unbedingt tun. Gewinnen Sie auf diesem Wege die Gewissheit, dass Ihr Kind in der Schule das Opfer von Mobbing durch seine Mitschüler geworden ist, dann sprechen Sie eingehend mit ihm über seine Gefühle, Ängste und Sorgen. Zudem lässt sich für Sie als Eltern rasch Klarheit schaffen, wenn Sie mit dem zuständigen Lehrer Ihres Kindes sprechen. Und nach Möglichkeit versuchen Sie, ein Gespräch mit den betreffenden Mitschülern oder deren Eltern herbeizuführen. Eltern haben keineswegs immer das Glück, dass sie auf Vorkommnisse klar und deutlich aufmerksam gemacht werden. Aber Maria, die so sehr versucht hatte, sich ihren Eltern klar mitzuteilen, wurde vertröstet und nicht ernst genommen. Das wird Ihnen nach der Lektüre dieses Buches sicherlich nicht passieren.

Sie beobachten Veränderungen wichtiger Wesensmerkmale

Wenn ein Kind immer offenherzig und fröhlich war und nun nach der Schule stets bedrückt auf Sie wirkt, aber hartnäckig schweigt, dann kann das daran liegen, dass Ihr Kind in der Schule von Mitschülern gemobbt wird. Sprechen Sie es nicht gleich nach der ersten Beobachtung darauf an. Werden Sie sich als Eltern erst sicher, dass sich etwas Wesentliches verändert hat. Bleiben Sie beim aktiven Nachfragen nach Besonderheiten am Ball. In meiner Arbeit mit Jugendlichen erfahre ich sehr oft, dass diese den aktiven Gedankenaustausch, das Sich-anvertrauen-Können daheim vermissen.

Denken Sie beim Nachfragen daran, dass die psychischen Verletzungen bei Ihrem Kind sehr tief sitzen können. Es ist nicht unbedingt nötig, gleich beim ersten Gespräch alles zu erforschen. Lieber sollten Sie in kleinen und kontrollierten Schritten Ihr Kind aus der »Isolation« zurückführen in den Lebensalltag. Maria ist bis heute noch in ihrem Verhalten nachhaltig beeinträchtigt. Obwohl sie ein fröhliches Kind war, merkten die Eltern nicht, dass sie sich in sich kehrte. Sie waren nicht aufmerksam genug.

Stellen Sie Ihrem Kind klare Fragen, und seien Sie dennoch behutsam dabei!

Ihr Kind hat keine Freunde

Ein typisches Anzeichen für Probleme mit Mobbing in der Schule ist die Tatsache, dass ein Kind so gut wie keine Freunde hat. Manchen Kindern fällt es schwerer, sich in ihrer Schulklasse, in der Gemeinschaft ihrer Mitschüler sozial zu integ-

rieren. Umso leichter werden sie dann zur Zielscheibe von Hänseleien. Ab einem gewissen Alter ist es aber, wie ich im vorigen Kapitel erläutert habe, im Rahmen der Entwicklungsaufgaben absolut notwendig, dass Ihr Kind regelmäßigen Sozialkontakt mit Gleichaltrigen pflegt. Und dabei reicht es nicht aus, wenn sich die Mädchen und Jungen mal durch Zufall beim Einkauf treffen. Auch hier müssen Sie als Eltern sehr behutsam und einfühlsam nachfragen, wo mögliche Gründe liegen könnten. Es kann Ihnen auch passieren, dass Ihr Kind den fehlenden Kontakt selbst nicht als problematisch einstuft oder aus Scham herunterspielt. Doch dann sollten Sie erst recht hellhörig werden, weil mit großer Wahrscheinlichkeit jemand aus dem näheren Bekanntenkreis Ihres Kindes zu den mobbenden Mitschülern gehört.

Freunde sind lebensnotwendig für die Entwicklung Ihres Kindes.

Ich erfahre es häufig bei der täglichen Arbeit, dass Mädchen und Jungen sich unter Gleichaltrigen alleine gelassen fühlen – sie beschreiben sich selbst als minderwertig, langweilig oder auch unansehnlich. Dieses negative Selbstbild Ihres Kindes können Sie behutsam, aber überzeugend korrigieren. Und Sie können Anregungen geben und Brücken bauen, zu anderen, neuen Bekanntschaften und womöglich Freunden außerhalb des Schulbereichs.

Was ist nur aus den guten Noten geworden?

Gute Noten sind nicht grundsätzlich ein Anzeichen dafür, dass alles in Ordnung ist mit Ihrem Kind in der Schule. Umgekehrt bedeutet dies aber auch, dass schlechte Noten kein Anzeichen

für gestörte soziale Kontakte in der Schule sein müssen. Beides kann vielerlei Ursachen haben. Was Sie stutzig machen sollte, ist ein plötzliches Absacken des Notendurchschnitts. Dann sollten Sie unbedingt vorsichtig nachfragen, ob es besondere Vorkommnisse in der Schule, in der Klasse oder mit den Mitschülern gibt. In unseren beiden Fallbeispielen war die Veränderung des Notendurchschnitts nie etwas, worauf die Eltern reagieren wollten. Sie haben den leichteren Weg gewählt und festgestellt, dass es wohl an den schulischen Bedingungen liegen müsse.

Sinkt der Notendurchschnitt drastisch ab, ist etwas nicht in Ordnung. Dem nachzugehen lohnt sich bestimmt.

Ihr Kind weist körperliche Verletzungen auf

Sollte es Ihr Kind ganz schlimm getroffen haben beim Mobbing unter Schülern, dann kann es ihm vielleicht so gehen wie Maria. Sie wurde auch körperlich sichtbar verletzt, erfand dann aber eine Entschuldigung gegenüber ihrer Mutter. Nach dem Ursprung offensichtlicher Blessuren sollten Sie Ihr Kind immer direkt befragen. Klären Sie im Gespräch mit Ihrem Kind, wie es zu den Verletzungen gekommen ist und wer daran beteiligt war. Und indem Sie klären, wer die Verursacher waren, schützen Sie Ihr Kind aktiv vor weiteren Verletzungen.

Übergehen oder übersehen Sie sichtbare Verletzungen nicht leichtfertig! Sie könnten ein Signal sein.

Ihr Kind erzählt nie aus der Schule

Warum Ihr Kind sich nach der Schule nicht mit einem kurzen mündlichen Erzählung bei Ihnen meldet, kann verschiedene Gründe haben. Kinder sind normalerweise mitteilsam und

119

Kinder neigen dazu, schmerzliche Erlebnissse zu verschweigen.

möchten den Eltern gerne das in der Schule Erlebte berichten. Oft sprudeln sie geradezu über. Wird Ihr Kind plötzlich schweigsam, dann stimmt in der Regel etwas nicht. Ein wesentlicher Grund kann sein, dass es Angst hat, sich durch seine Erzählung zu verraten und damit zu blamieren. Wenn Ihr Kind nichts erzählt, dann setzt es sich auch nicht der Gefahr aus, etwas sehr Schmerzliches einzugestehen oder womöglich von Ihnen eine Bestätigung für seine Schuld zu bekommen. Sie können Ihrem Kind nur ständig grundsätzliche Gesprächsbereitschaft anbieten. Aber üben Sie keinen Druck aus, dringen Sie nicht in Ihr Kind! Und Sie können in der Schule nachfragen, ob etwaige Vermutungen Ihrerseits gerechtfertigt sind.

Checkliste

Um sich einen Überblick zu verschaffen, kreuzen Sie an, welche Symptome und Signale Sie bei Ihrem Kind wahrgenommen haben:

❏ Wirkt Ihr Kind ohne erkennbaren Grund verändert auf Sie?

❏ Antwortet es ausweichend oder einsilbig, wenn Sie nach dem Schulalltag fragen?

❏ Sind seine Leistungen überraschend abgesunken?

❏ Legt es angeblich keinen Wert auf privaten Umgang mit Klassenkameraden?

❏ Klagt Ihr Kind häufig über Kopfschmerzen, Müdigkeit, Appetitlosigkeit?

❏ Oder isst Ihr Kind plötzlich zu viel und nimmt auffallend zu?

❏ Klagt es öfter über Unwohlsein und möchte deshalb nicht in die Schule gehen?

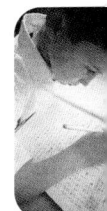

- ❏ Zieht es sich mehr als sonst zurück, wirkt in sich gekehrt?
- ❏ Stellen Sie rätselhafte Beschädigungen an Kleidung und Schulsachen fest?
- ❏ Gibt Ihr Kind ausweichende Erklärungen für körperliche Verletzungen?
- ❏ Nimmt es ungern am Sport teil?
- ❏ Hat es nur wenige oder gar keine »richtigen« Freunde?

Kreuzen Sie an, was Sie unternommen haben, um die Situation Ihres Kindes abzuklären und ihm gegebenenfalls zu helfen:
- ❏ Haben Sie stets einen lebendigen Gesprächsaustausch mit Ihrem Kind?
- ❏ Fragen Sie es regelmäßig und mit offenem Interesse nach den Tageserlebnissen?
- ❏ Nehmen Sie es ernst, wenn Ihr Kind Sie mit einem Kummer anspricht?
- ❏ Wenn Sie ein Problem im Schulbereich erkennen – sprechen Sie mit den Lehrern?
- ❏ Haben Sie Kontakt zu Klassenkameraden oder deren Eltern?
- ❏ Geben Sie Ihrem Kind deutlich zu erkennen, dass Sie bereit sind, ihm zu helfen?
- ❏ Haben Sie Hilfe bei Beratungsinstitutionen gesucht?
- ❏ Sprechen Sie bei Krankheitssymptomen den Arzt auch auf psychische Ursachen an?
- ❏ Stärken Sie das Selbstbewusstsein Ihres Kindes in vertrauensvollen Gesprächen?
- ❏ Entwickeln Sie mit ihm Pläne für Freizeitaktivitäten?
- ❏ Helfen Sie ihm, Verbindungen mit anderen Kreisen von Kindern herzustellen?
- ❏ Haben Sie genügend Zeit, wenn Ihr Kind Sie braucht?

Hier hilft man Ihnen

Als Eltern haben Sie und Ihre Kinder ganz unterschiedliche Anlaufstellen, die Sie für weitere Informationen und zur Betreuung in Anspruch nehmen können. Für welche Möglichkeiten Sie sich entscheiden, das machen Sie bitte davon abhängig, zu welcher Anlaufstelle Sie das größte Vertrauen empfinden.

In Deutschland

Die örtlichen Schulämter auf Gemeinde-, Stadt- und Kreisebene verfügen in vielen Fällen über einen Ansprechpartner, der Rat und weiterführende Informationen geben und Institutionen nennen kann.

An den Schulen wenden Sie sich direkt an den jeweiligen Vertrauenslehrer als Ansprechpartner. Zudem verfügen viele Schulen über zusätzliche Beratungsangebote von außen. Diese können Sie sich nennen lassen. Detaillierte Informationen erhalten Sie in der Schule Ihrer Kinder vor Ort.

Viele Kirchen, Gewerkschaften und Sozialverbände bieten ebenfalls Unterstützung zum Thema an. Genauere Informationen erhalten Sie bei den jeweiligen Institutionen in Ihrer Nähe. Hier bekommen Sie auch Auskünfte über Einrichtungen in der Jugendarbeit und darüber, welche Präventionsangebote dort zur Verfügung stehen. Sie können sich auch schriftlich an die Mobile Jugendarbeit Taufkirchen, Köglweg 99, D-82024 Taufkirchen bei München, wenden. Das ist die Einrichtung, bei der ich tätig bin.

Im Rahmen der Mobilen Jugendarbeit konnte schon eine Vielzahl von Angeboten realisiert werden, die der positiven Entwicklung von Mädchen und Jungen zugute kamen. An dieser Stelle sei mir aus meiner pädagogischen Erfahrung heraus ein Appell an Sie als Eltern erlaubt, die Sie die wichtigsten Förderer und Helfer bei der Entwicklung Ihrer Kinder sind: Seien Sie immer aufmerksam im Umgang mit Ihren Kindern! Im besonderen Maße wenn es um das Thema Mobbing unter Schülern geht, aber natürlich auch bei anderen Problemen, Sorgen, Ängsten und Nöten. Vertrauen Sie Ihren Kindern, und zeigen Sie ihnen, dass Sie zu ihnen stehen. Trauen Sie Ihren Kindern etwas zu. Ihre Kinder sollen sich entfalten und entwickeln können. Seien Sie bereit für die Auseinandersetzung mit Ihren Kindern. Denken Sie immer daran, dass die Familie nach wie vor der zentrale Lern- und Lebensort für Mädchen und Jungen ist. Seien Sie mutig im Umgang mit Ihren Kindern, und stehen Sie zu Ihren Entscheidungen. Machen Sie Ihr Kind niemals zum Außenseiter!

Die Aktion Humane Schule (AHS) ist ebenfalls eine Anlaufstelle für Sie. In der Zentralen Stelle des Bundesverbandes, Werfelweg 2, D-70437 Stuttgart, erhalten Sie Auskunft über regionale Kontaktadressen und können Materialien zum Thema anfordern.

Darüber hinaus gibt es seit Oktober 1999 ein Projekt der Universitäten München und Freiburg. Kontaktaufnahme ist Ihnen und Ihren Kindern auf zwei Wegen möglich: Online unter *www.kidsmobbing.de* (hier finden Sie ausführliche Informationen und Ratschläge für betroffene Kinder, Eltern und Lehrer – Sie können sich auch mehrere hilfreiche Ratgeber-Seiten für Eltern oder Lehrer herunterladen und ausdrucken). Fragen stellen können Sie per E-Mail unter *info@kidsmobbing.de* oder telefonisch unter *08 00/ 7 77 66 65.*

Über dieses wichtige Projekt berichtete die *Süddeutsche Zeitung,* München, im Februar 2000 ausführlich:

»Münchner Uni geht gegen Mobbing vor:

Dem gegenseitigen Mobbing von Schülern sagt die Münchner Ludwig-Maximilians-Universität mit einem neuen Internet-Projekt den Kampf an. Bei dem Pilotprojekt arbeiten Experten an einem Internetforum als Mobbing-Zirkel, in dem sie gemeinsam mit Lehrern Hilfe für den Umgang mit Mobbing an der Schule entwickeln wollen. Das Projekt läuft beim Institut für Pädagogische Psychologie und Empirische Psychologie, teilte die Universität am Montag mit. Unter der Internetadresse »http://mobbingzirkel.emp.paed.unimuenchen.de« werden Lehrer über Hintergründe informiert und beraten. Mobbingfälle aus dem Schulalltag werden den Angaben zufolge diskutiert und Lösungsstrategien vorgestellt. Das Projekt richte sich vor allem an Lehrer, heißt es. Eltern können sich unter der Adresse »www.kidsmobbing.de« informieren. Als typisches Mobbingbeispiel wurde der Fall eines Jungen genannt, dem sein Banknachbar die Schultasche aus dem Fenster warf, der beim Sport immer als Letzter in die Mannschaft gewählt wird und den seine Mitschüler nie zu Geburtstagsfeiern einladen. dpa«

In Österreich und der Schweiz

Auch in Österreich und in der Schweiz stehen Ihnen als Eltern unterschiedliche Beratungsmöglichkeiten zur Verfügung.

Ebenso wie in Deutschland gibt es an den örtlichen Schulverwaltungen differenzierte Informationen über Beratungsangebote vor Ort. In den weiterführenden Schulen sind Vertrauenslehrer zuständig, mit denen Sie Kontakt aufnehmen können. In den Schulen erfahren Sie Näheres zu Kooperationen mit Trägern der Jugendhilfe, die Sie und Ihre Kinder gegebenenfalls unterstützen.

Auch hier bieten Kirchen, Gewerkschaften und Verbände in den Ballungsgebieten weiter reichende Hilfen und Informationen. Und Sie können sich als Eltern jederzeit an die Adressen in Deutschland wenden, um zusätzliche Materialien und Informationen zu erhalten.

Wo Sie noch mehr erfahren können

Bücher über Mobbing unter Schülern

Dambach, Karl E.: *Mobbing in der Schulklasse.*
  Ernst Reinhardt Verlag, München 1998
Jefferys, Karin/Noack, Ute: *Streiten – Vermitteln – Lösen.*
  AOL, Lichtenau 1995
Kasper, Horst: *Schule ohne Schikane.* AOL, Lichtenau 1998
Zum Thema »Mobbing unter Schülern« finden Sie weitere
Literaturhinweise unter http://www.kidsmobbing.de.

Bücher über Mobbing im Allgemeinen

Brinkmann, Ralf D.: *Mobbing, Bullying, Bossing.*
  Verlag Sauer, Heidelberg 1995
Kasper, Horst: *Mobbing in der Schule.* AOL,
  Lichtenau + Beltz, Weinheim und Basel 1998
Leymann, Heinz: *Mobbing – Psychoterror am Arbeitsplatz
  und wie man sich dagegen wehren kann.* Rowohlt,
  Reinbek 1993
Leymann, Heinz (Hrsg.): *Der neue Mobbing-Bericht.*
  Rowohlt, Reinbek 1995

Sachregister

A

Adressen (Anlaufstellen)
122, 123
Aggression 11, 23, 26, 37
Akzeptanz durch Eltern
16, 109
Angst 30, 60, 62, 92, 116
Anteilnahme 61, 107
Arbeitswelt 8, 11
Auflauern 23
Ausgrenzen 23
Auslöser 61, 86, 90
Aussehen 10, 33, 62
Außenseiter 33, 34, 36, 39,
46, 74, 123

B

Bagatellisierung 8, 22, 57, 72
Befreiungsschlag 95
Berührungsängste 9
Beschädigungen 23
Bestandsaufnahme 22
Beziehungen 75
Bullying 14, 21

C

Checkliste 121

D

Denunziation 23
Depressionen 32
Diskriminierung (Mobbing-
Opfer) 26

E

Ego (des Täters) 24
Eigenschaften (des Opfers)
10, 34,50
Eingreifen 29, 40, 68
Einschüchterung 13, 22,
23, 67
Eltern, Ablösung 112
Eltern, Verständnis 40,
69, 93

Eltern-Kind-Gespräch 33,
85, 107
Entwicklungsaufgaben 35,
73, 82, 103, 110
Entwicklungsphasen 30,
31, 35, 41, 108, 109, 110
Entwicklungsschäden 22,
23, 26, 35
Erniedrigung 24, 37, 71
Erpressung 22, 23, 102
Erziehung als Vorbeugung 40

F

Familie 123
Freizeitgestaltung 110
Freunde 68, 118, 121
Freundschaft 67, 68, 69
fünf Ebenen (der Mobbing-
Handlungen) 28

G

Gerüchte 23
Geschlechtsrolle 10, 111
Gesundheit 28, 30
gesundheitliche Folgen 21, 32
Gewalt 8, 21, 22, 23, 33,
37, 102
Gruppe 24, 25, 27, 35, 38,
67, 112
Hänseleien 13, 23, 47, 50,
51, 64, 88, 93
Häufigkeit der Mobbing-
Übergriffe 23
Hilfsangebote 113
Hilfseinrichtungen 122

I

Interesse 107, 121
Intrige 26
Isolierung in der Klasse
55, 90

K

Kommunikation 28, 74, 106

Kommunikation Eltern–
Kind 57, 85
Konfliktlösung 12
Kopfschmerzen 32, 121
Körperbewusstsein 64, 87,
88, 92, 98,111
Krankheitsbilder 31

L

Lächerlichmachen 23
Lehrer, Meinungsbild 10, 11,
39, 70
Lehrer, Verhalten 10
Lehrer-Eltern-Gespräch
62, 72
Leistungsgesellschaft 29
Lernsituation 28

M

Machtposition 28
Magenschmerzen 32
Minderwertigkeitsgefühl
24, 118
Misstrauen 15, 80, 81
Mitschüler 38
Mobbing (Definition) 21
Mobbing-Strategie 25
Münchner Studie 22, 24, 123

N

Normvorstellungen 109

O

Offenheit 14, 40, 47, 65, 106
Opferrolle 23, 34, 95, 98

P

Persönlichkeitsentfaltung 103
psychische Folgen 9, 21,
30, 32
Publikationen 8, 27, 126

R

Raufereien, normale 8

S

Scham 10, 24, 118
Schikanieren 8, 13, 22, 23
Schuldzuweisungen 16,
  26, 58
Schule, Einblick durch
  Eltern 12, 13
Schülerstreit 12, 95
Schulleistungen 63, 64, 68,
  84, 119, 121
Schulrealität 22
seelische Probleme 32
Selbstbewusstsein 30, 35,
  37, 54, 55, 58, 112
Selbsthass 54, 55
Selbstmord 102
Selbstwertgefühl 96, 97
sexuelle Belästigung 23
soziale Folgen 9, 28
soziale Kompetenzen 37
soziale Kontakte 28
Stress 30, 31, 64

T

Täter 36, 79, 93
Toleranz 37, 40, 62, 109

U

unfaires Verhalten 23
Unwohlsein 32, 121

V

Veränderungen (beim Kind)
  10, 11, 14, 116
Verletzungen (körperliche)
  102, 119, 120
Verletzungen (psychische)
  57, 80, 101
Vermittler 113
Verprügeln 23, 24
Verständnis der Eltern 16, 100
Vertrauen 107, 117

W

Warnsignale 20, 31, 46, 121
Wegsehen 9, 25
Wertvorstellungen 109

Wichtiger Hinweis

Die im Buch veröffentlichten Ratschläge wurden mit größter Sorgfalt von Verfasser und Verlag erarbeitet und geprüft. Eine Garantie kann jedoch nicht übernommen werden. Ebenso ist eine Haftung des Verfassers bzw. des Verlages und seiner Beauftragten für Personen-, Sach- oder Vermögensschäden ausgeschlossen.

Bildnachweis

Umschlagfoto: Zefa/Index Stock
Fotos: Bavaria Bildagentur/VCP S. 104 ff.; gettyone Stone/ Eric Larrayadieu/Mark Lewis S. 76 ff., 114 ff.; Mauritius/ Benelux Press/N. Fischer S. 18 ff., 42 ff.; Zefa/Ibid, Inc. S. 6 ff.

Impressum

Die Deutsche Bibliothek – CIP-Einheitsaufnahme
Ein Titeldatensatz für diese Publikation ist bei der Deutschen Bibliothek erhältlich.

Midena Verlag, München
© 2000 Weltbild Ratgeber Verlage GmbH & Co. KG

Projektleitung: Carina Janßen
Redaktion: Frank Auerbach, München
Herstellung: Gabriele Schnitzlein
Bildredaktion: Sylvie Busche/Doris Huber
Umschlagkonzeption: Kaselow Design, München
Layout: Lea Sophie Bischoff und Amir Sufi, München
Satz: Filmsatz Schröter, München
Reproduktion: Typework Layoutsatz & Grafik GmbH, Augsburg
Printed in Germany

ISBN 3-310-00690-5